現役
東大生
の「生の声」
が満載

著者 東大カルペ・ディエム 監修 西岡壱誠

「自分から勉強する子」の家庭の習慣

すばる舎

どうしたら自分から勉強するようになるのかしら……
うーん
お母さんがやれっていうから勉強しよ〜っと
注意しないとやらないようでは困るし　やらされる意識も持たせたくないわ
とにかく勉強を嫌いにさせたらいけないわね
ふむ。

はじめに

子どもが進んで勉強するようになる方法がある！

「全然、勉強しない」

「ゲームばかりして本を読まない」

「イヤイヤ勉強していて成績が上がらない」

こうした悩みをもつ親御さんは少なくないと思います。お子さんに「勉強しなさい！」と言えば言うほど反抗的になり、勉強嫌いになっていく……。悪循環ですよね。

どうしたら、子どもは自分から進んで勉強するようになるのでしょうか？

そこで、本書では現役東大生75人にアンケートを取り、その結果を元に**私たち東大カルペ・ディエムなりの考察を加えて、「どうしたら子どもがやる気になるのか？」「どうしたら自分から勉強するようになるのか？」、その秘訣を探りました。**

具体的には、東大生が小学生だったとき、家庭でなされていた

・勉強環境の作り方　・やる気の引き出し方　・読書の習慣　・知的好奇心の育て方

・ゲームなどの娯楽との付き合い方　・中学受験、大学受験の臨み方

など、子どもが進んで勉強するうえで欠かせない「環境作り」や「習慣化のコツ」のほか、子どもの自発性を引き出すうえで大事な「関わり方のコツ」をわかりやすく紹介しています。

「東大生の親」が、頭ごなしに叱らないわけ

東大に合格したといっても、誰もが小学生の頃から勉強が好きで、自分から進んで勉強していたわけではありません。その裏には親御さんたちの熱心な関わりがありました。

今回、この本を執筆するに当たって、たくさんの東大生の親御さんの話を聞きました。

さまざまなご家庭があり、親子の仲が良いところもあれば、喧嘩ばかりだけど、それでも仲良し、というところもありました。

ただ、どの東大生の親御さんにも共通している要素は、「子どもが自立する」ための教育をしている、ということです。

例えば、東大生の親御さんは子どもに『〜させる』という言葉をあまり使いません。

「勉強させる」とか「片付けさせる」と言わないのです。『〜させる』というのは、上の人が下の人に何かを命令してやらせることですね。でもそれって、子どもの自立を阻害することになってしまいます。

誰かの命令を聞いてやっているうちは、自分で考えて行動することになりませんよね。だから、極力「親が言ったから子どもが行動する」という状態をつくらないようにしているのです。

例えば、子どもが勉強していないのを見たら、「勉強しなさい！」と怒る親御さんが多いですよね。しかしそれだと子どもは「なんだよ！」と反抗して、どんどん勉強しなくなってしまいます。**頭ごなしに怒ると、子どもは反抗したり落ち込んだりして、怒った意味がなくなってしまうのです。**

東大生の親御さんの多くは、こういうときに子どもに問いかけます。「どうして勉強しないの？」と。勉強するよう押しつけるのではなく、「勉強をしない理由」をただ質問するのです。

大抵の場合、勉強をしたくないことに理由なんてありません。ただなんとなく「勉強したくないな」と思って遊んでいる場合が多いです。ですから質問されると、「あれ、聞かれて初めて気づいたけど、あの宿題やってないな」「そういえば、あの勉強をやろうと思ってた」と、自然とやる気が起きるかもしれません。

もし子どもが「こういう理由で勉強しないんだ」と反論したとしても、その理由が急ごしらえのものであれば、親御さんはさらに質問していくことでその理由を崩すことができます。

「でも、それってこうじゃないの？」と、質問を繰り返していくことで、「まあ、たしかに親の言

うことも一理あるな……」と考えるようになります。

このように、質問によってじっくり考え、自分で答えに気づくように誘導してあげることで、望ましい行動をするように仕向けているわけです。

これは、教育学的にも証明された話です。笑い話ですが、「教育」という言葉は教育効果が非常に低いことがわかっています。授業で先生が「今から君たちに教育します」という言葉を言うと、子どもたちのやる気が著しく下がるのだそうです。「今から君たちに共有します」と、「教育」以外の言葉を使った方が、子どもたちは先生の話を聞くようになるのだそうです。

ということで、「何かをやらせる教育」ではなく、「自発的に何かをしてもらう」ということが大事なのだと思います。**本書では、子どもが自分で気づき、行動する、「自立」を第一に考え、東大生の家庭でされていた習慣をわかりやすく紹介していきます。**

「現役東大生」の知見や、「生の声」をたっぷり紹介！

私たち東大カルペ・ディエムは、西岡壱誠が設立した会社に籍を置く、志ある現役東大生たちのグループです。現在は、全国20校以上の中学、高校で学生たちに思考法や勉強法をお伝えしています。

なお、**昨今は勉強法のみならず、そもそも「子どもが自分から勉強するようになる秘訣を教えてほしい」という保護者の依頼が急増しています。**そこで、本書では、東大カルペ・ディエムのネットワークを生かして、東大生たちの小学生時代を探り、彼、彼女たちはどのようにして「自分から学ぶ習慣」を身に付けたのかを探ることにしました。

もともと、東大カルペ・ディエムのメンバーの多くは、最初からずば抜けた頭脳をもっていたというよりは、コツコツと独自の学び方を見つけ、グングン後伸びしていったメンバーが多いのが特徴です。

ただし、**多くのメンバーに共通しているのは、やはり小学生時代に「自分から勉強する習慣」を身につけていることです。東大カルペ・ディエムの知見と「現役東大生たちの意見」を集約し、「家庭の習慣」としてまとめたのが本書です。**

現役東大生ならではの「これがよかった！」「役立った！」という「生の声」をたくさんお伝えするので、読者の皆様のご家庭でも、必ずや役立つものが見つかるはずです。

では、私たち東大生がどのように自立をサポートしてもらったのかについて、お伝えしていきますので、ぜひご覧ください！

二〇二三年九月

東大カルペ・ディエム　西岡壱誠

目次

はじめに……3

1
どうしたら勉強するようになる？
小学生時代、東大に受かった子はこうしていた！

漫画でCheck！……22

この「環境づくり」で、勉強が習慣化する！……24

1 東大生が小学生時代、大事にしていたことは？……26
勉強を「やらされる」状態から、「自分でやる」状態にする

2 毎日、ダラダラしがち。時間を上手に使うには？……31
勉強時間は、「夕食前」に固定する

3 集中できる場所はココ！……36
勉強は「リビング」でする

4 「毎日、勉強する子」の親がしていること……40
子どもに合った「スケジュール表」を作ってあげる

5 東大生がしていた「計算力がつく」ゲームとは？……44
勉強を楽しむ「ひと工夫」をする

2

東大生5人が語る
コレで勉強にハマり、やり切った！

漫画でCheck！……52
自分から勉強するようになるキッカケとは？……56
1 「自分のために勉強する」という意識が私を変えた……58
田之倉芽衣（教育学部・推薦）
2 「プラン」を立てて実行する力が物をいう！……64
松岡頼正（前期教養学部　理科一類）
3 将来を見通した父のおかげで、受験勉強を楽しくやり切った！……71
奥村亮太（前期教養学部　理科一類）

4 管理されるのが大嫌い。だから、決めたことは100%やる……78
布施川天馬（文学部）
5 このキッカケで、勉強から逃げ続けた僕が変われた！……84
西岡壱誠（経済学部）

3 「前向き」になれる働きかけを！ やる気を引き出す「接し方」

漫画でCheck!……92
「やる気」を引き出すコツがある！……94

1 「勉強って楽しい!」と思える機会をつくろう……96
「ゲームだと思えば楽しいよ!」を貫く

2 この褒め方で「自己効力感」が増す……102
1日1回、子どもを褒める

3 勉強していなくても、責めずに聞く……108
「勉強しなくても、大丈夫な日なの?」と聞く

4 苦手科目があったら、こうする……113
苦手科目は、「対処法の道筋」を示してあげる

5 「勉強って役立つの?」と聞かれたら?……119
勉強を「高額のバイト」にたとえてみる

6 こんな「親の姿」を見ると、進んで勉強するようになる!……124
親が勉強する姿を見せる

4

コレで学びが深まる！
習い事を100％「活かすコツ」

漫画でOMG！……130

習い事が続き、身になる方法がある！……131

1 東大生は、どんな習い事をしていた？……132

いろいろな経験をするために、2つ以上、やってみる

2 子どもが「自分で決めた」という演出をする……138

始めるときに、子ども自身が「申し込み書」に名前を書く

3 最初の1ヶ月間、コレをすると効果的!……142
「今日は、どんなことをしたの?」と聞く

4 英語を習うメリットを実感する機会をつくろう……147
英検にチャレンジしてみる

5 成績が悪いとき、部活動は続けていいの?……151
親が介入していいのは「生活面」だけ!

5

「この習慣」で、日増しに成長する

好きな本に出会い、夢中になれる体験を!

漫画でOMG!……156
読書習慣が身につき、心身ともにスクスク育つ!……157
1 「本の面白さ」はこうすれば伝わる!……158
お勧めの本を登場人物やエピソードと共に紹介してあげる
2 「アラカルト本棚」を作り、いろいろな本を読めるようにする……162
まずは「様々なジャンルの本」を広く浅く買う
3 小学校時代に読んでおきたい本は?……166
読む体力をつけたいなら、『ハリー・ポッター』などのシリーズものがお勧め
4 好きなことを見つけて、「ハマる経験」を!……171
子どもが興味を持ったことは、親も解説できるようになるまで付き合う

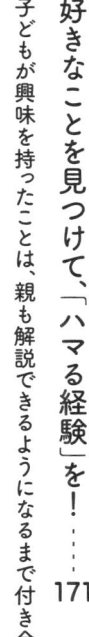

5 繊細な子が、失敗を恐れなくなる方法……174
親子で「褒め合う習慣」をつくる

6 子ども部屋は、いつから必要？……177
より「自主性」が大事になる中学生から

7 コレで生活にメリハリがつく……180
毎日、「同じ時間」にお風呂に入る

6

ゲーム、スマホ、漫画と正しく付き合う

知的好奇心、自主性を育むコツ！

漫画でOMG！……184

「知的好奇心」を育みながら、「ゲーム」「スマホ」と上手に付き合う……185

1 どうしたら好奇心や向学心を育めるの？……186
「5種類以上」の文化施設に連れて行く

2 コレで、深く調べたり学んだりするようになる……191
新しいことを学んだ「1ヶ月以内」に、関連した場所に連れて行く

3 「頭の回転」が良くなる意外な方法……196
家族でボードゲームをする

4 「気分転換に時間を使いすぎる」ときはどうする？……200
「休み時間」は子どもが決める

5 漫画を読ませてもいいの？……204
小学生のうちは、漫画は控える

6 ゲームをするときはこのルールで……208
小学生の間は、1日「1時間以内」にする

7 スマホなどの誘惑を断つ方法は？……213
「勉強する場所」と「休む場所」とを分ける

8 「スマホのルール」を決めたのに守らないときは？……217
「スマホのルール」は、子どもと決める

9 「お金の大切さ」を学べる機会を！……221
小学生のうちは、「報酬制」を導入する

10 「お小遣い」をあげるときの注意点は？……225
お小遣い制にしたら、支出は「自分で管理」してもらう

7 中学受験はココが決め手！
受験を乗り越えた先の「将来」にもつながる

漫画でOMG！……230
中学受験の体験が、大学受験に生きる！……231
1 「中学受験の準備」は、いつから始めるといい？……232
受験を意識するのは、「低学年」から！
2 どうすれば、本気で勉強するようになる？……237
「頑張る理由」を一緒に探す！
3 【中学受験】受験期の接し方……242
受験期間は、「生活のサポート」に徹する

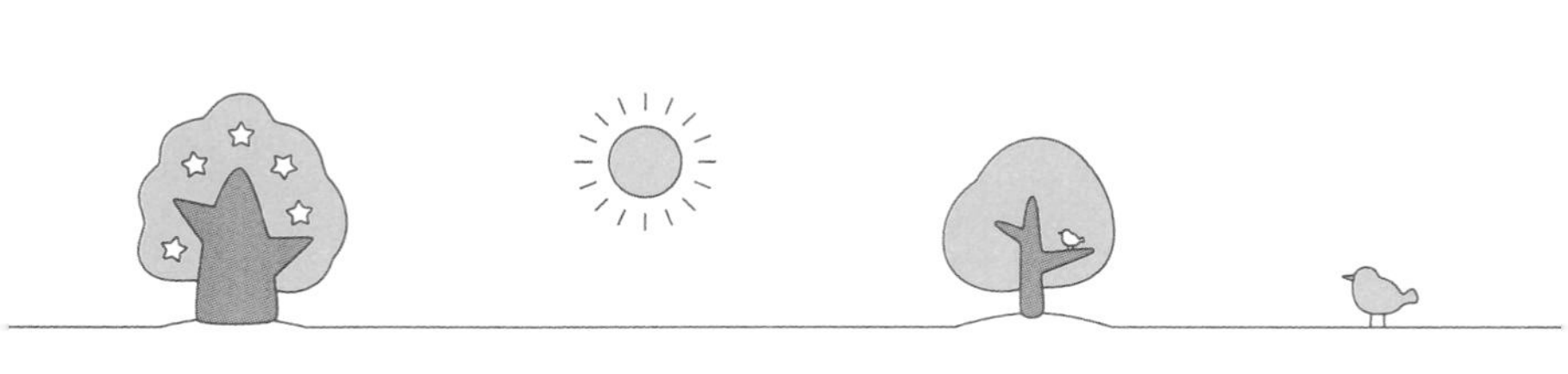

4 【中学受験】意欲を削がない方法……247
「ミスは2回」まで許容する

5 【大学受験】どんな目標をもつと、本気になる？……251
キャンパスを見学し、憧れの姿や講座を見つける

おわりに……255

装丁　喜來詩織　entotsu
漫画　りゃんよ
レイアウト・図版・イラスト　草田みかん

1

どうしたら勉強するようになる？

小学生時代、
東大に受かった子は
こうしていた！

計画表
まずは計画表を作りましょう
毎日のやるべきことが明確になります
その① 計画表を作る
小学生
計画通りに進めるクセを小学生から身につけると勉強することが習慣化し
中学生
中学生以降　勉強することが当たり前になり自主性も身につきます
トン
トン
トン
トン
トン
トン
トン
カキ
カキ
カキ
カキ
カキ
カキ
カキ
その② 勉強時間を固定する

は―――い
ご飯よぉ〜〜
食べるー!
メリハリ
やったーご飯前に
全部終わったぞー
次に勉強する
場所です
お部屋は 誘惑が いっぱい
人目のないところで
サボってしまうのは
仕方がないこと
まんが
まんが
ちょっと休憩
その③
勉強する場所を決める
リビングがお勧め!
監視せずに
そっと見守るくらいに
しましょう
やってる
やってる

この「環境づくり」で、勉強が習慣化する！

東大生にアンケートを取った結果わかったのは、多くの東大生たちが、「小学生のうちに勉強習慣を身につけている」ということです。

とはいえ、誰もが初めから、自発的に勉強していたわけではありません。

そこで、**大事になってくるのが、「勉強する場所」や「勉強時間の設定」「勉強リズムの作り方」など、勉強に着手し、継続するための環境づくりです。**

本章では、現役東大生たちが小学生時代にしていた、勉強しやすい環境づくりを参考にして具体的な方法を紹介していきます。

ぜひ、お子さんが勉強を「やらされる状態」から、「自分でやる状態」へと切り替わるヒントを手に入れてください！

どうしたら勉強する？

× 「勉強しなさい！」と注意する
○ 勉強しやすい環境を整える

勉強する場所は？

○ リビング
※親の目があるのでサボりにくい
× 子ども部屋

勉強する時間は？

× 日によってバラバラ
○ 「夕食前」に固定する
※タイムリミット効果ではかどる

勉強リズムをつけるには？

○ 「子どもに合った」スケジュール表を作る
※達成しやすいと、続けやすい！
× 「緻密な」スケジュール表を作る

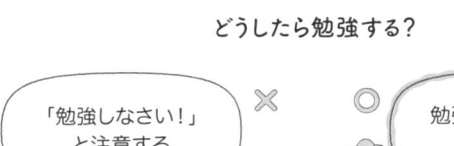

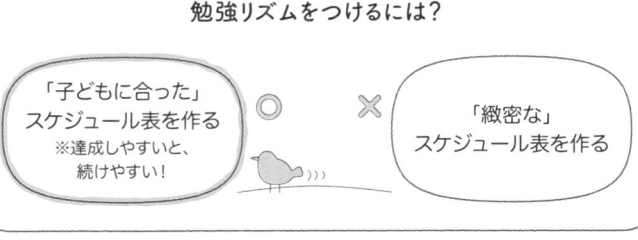

東大生が小学生時代、大事にしていたことは？

子どもが中学生になっても「勉強しなさい！」と叱っている状態って、よくないように感じますよね。東大生たちは、いつ頃から、自分で勉強するようになったのでしょうか？

悩み

小学生時代をどのように過ごすといい？

こんな解決策

勉強を「やらされる」状態から、「自分でやる」状態にする

ボクらには、コレが効いた！

小学生は時間に「ゆとり」があり、勉強時間を確保しやすい

東大生にアンケートを取った結果、**約48％が「小学生のときに勉強習慣が身についた」と回答していました。**小学生の頃は、まだ学校の宿題が少なく、勉強に費やす時間があるといえます。

一方、中学生になると、部活が大変になったり、友達付き合いも増えたりして忙しくなります。そうなる前に、子どもが勉強を自分からやるような習慣をつくっておかないと、勉強のリズムが崩れて、全然勉強しなくなってしまうわけですね。

だからこそ、中学校に上がる前のタイミングで、子どもが自分から勉強する習慣をつけ

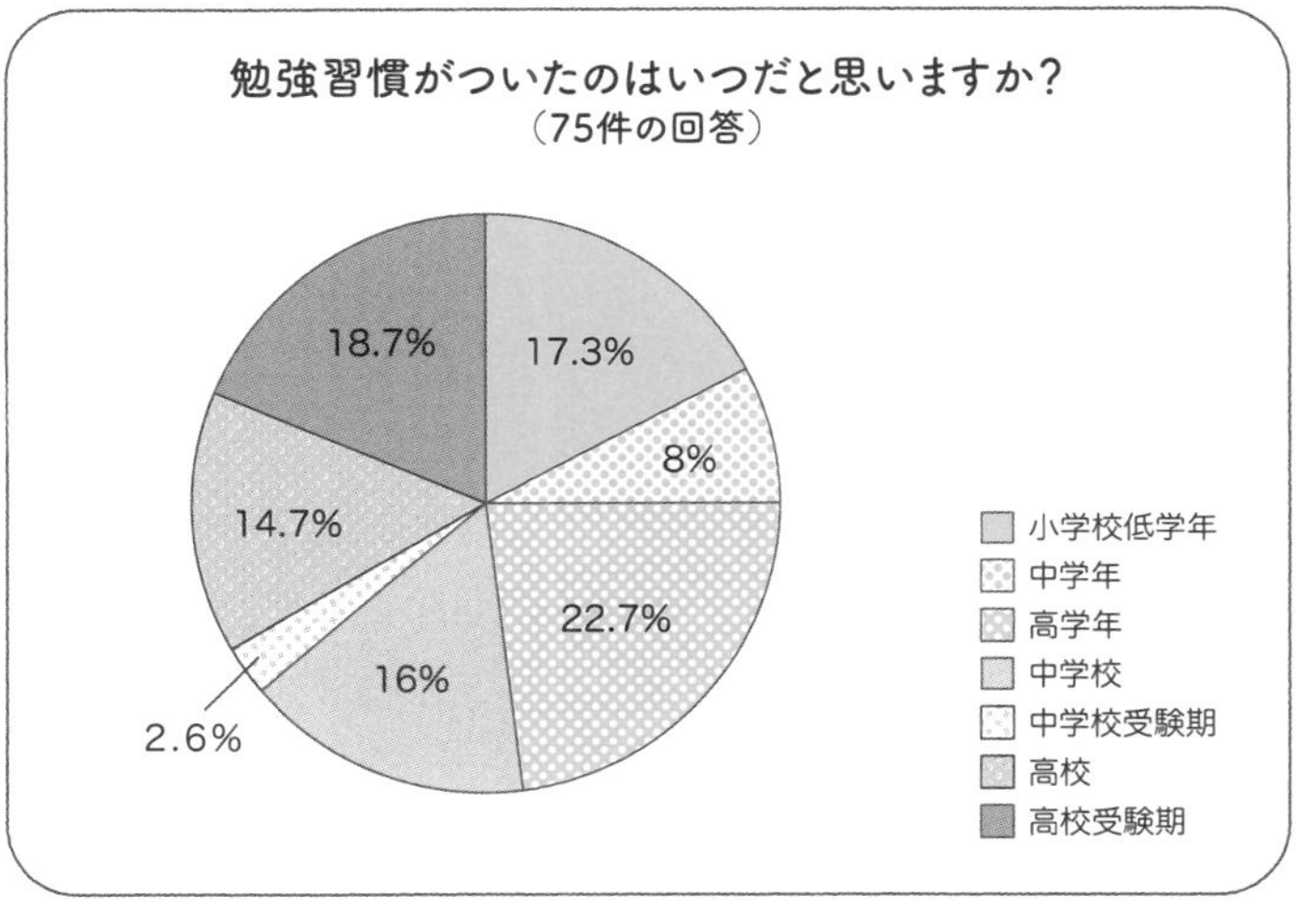

て、「勉強しないと気持ち悪い」状態まで持っていく必要があるわけです。

どうして効いたのか？

「成績の良し悪しは、自分の責任」という意識を持ってもらう

「自分から」という「自立」の姿勢は、とても大事です。

勉強を親がすべて管理して、プリントを用意したり、親がスケジュールを作ってあげたりするのは、親が子どもに勉強をやらせている状態です。

ゲームで言うなら、コントローラーは親が持っていて、子どもはその指示に従っているだけの状態です。この状態でもし結果が出なかったら、子どもは親の責任にできてしまいます。成績が悪くても、「親が言った通りにやっただけ」だから、自分に跳ね返ってこないのです。

本来は子どもに「親の責任にしてはいけない」と思ってもらえる状態が理想です。

「成績が悪かったら、自分の責任だ」

中学校に上がったタイミングで、子ども自身がこう感じることができるよう、小学生の

うちに、自分から勉強する習慣が身につくように導いてあげてください。

そこで本章では、子どもが自分から勉強するようになるためのコツをいくつか紹介していきます。

なお、東大生の話を聞いてみると、「小学校入学前から、親が一緒に勉強をして褒める」ことで、勉強へのハードルを下げていたような家庭も多数ありました。

東大生の親はやはり教育熱心なようです。

何かしらのきっかけで「勉強すること自体が楽しい」と子どもが思うようになれば、後は子どもに任せておけます。このような道筋をたどった東大生も多いのではないかと思います。

- **中学生になったとき、「勉強するのは当たり前」だと思えるように、小学生のうちに勉強を習慣化しておく**
- **「自分のために勉強している」という意識を徐々にもってもらう**

東大生の声

小学校入学前、ごく簡単な勉強ができるだけで親や親戚から**褒められて嬉しくなり、自然と勉強するようになった。**

高学年のとき、**公文式で算数の面白さに気づいた。**このときから自分で勉強するようになった。

小中は公立の学校に通った。**僕はなぜか小学生の頃から「勉強するのは当たり前だ」と思っていた**ので、中学に上がってからも定期テスト前には必ず勉強していた。

2

毎日、ダラダラしがち。時間を上手に使うには？

机の前にいるのにボーッとしていたり、テストの前日になって、慌てて勉強して時間切れになったり……。「時間をもっと上手に使ってほしい」とお子さんに感じたことはありませんか。どうすれば時間の使い方が上手くなるのでしょうか？

悩み

なかなか勉強を始めない……

解決策

こんな

勉強時間は、「夕食前」に固定する

ボクらには、コレが効いた！

タイムリミットがあると集中できる

勉強時間を固定することは、多くの東大生の家庭で実施されていたようです。こちらのアンケートにもあるように**81％の東大生たちが、「小学生の頃、放課後から夕食の間に勉強した」と回答しました。**

小学生の間は、夕食の後は自由に遊んで、勉強もそれでおしまいにしておくのです。

ただし、やるべきことを終わらせなくてもいいということではなく、宿題や日々の勉強は「放課後から夕食までの時間」に終わらせるというように、制限時間内に終わらせるように勉強する、ということをしていたわけです。

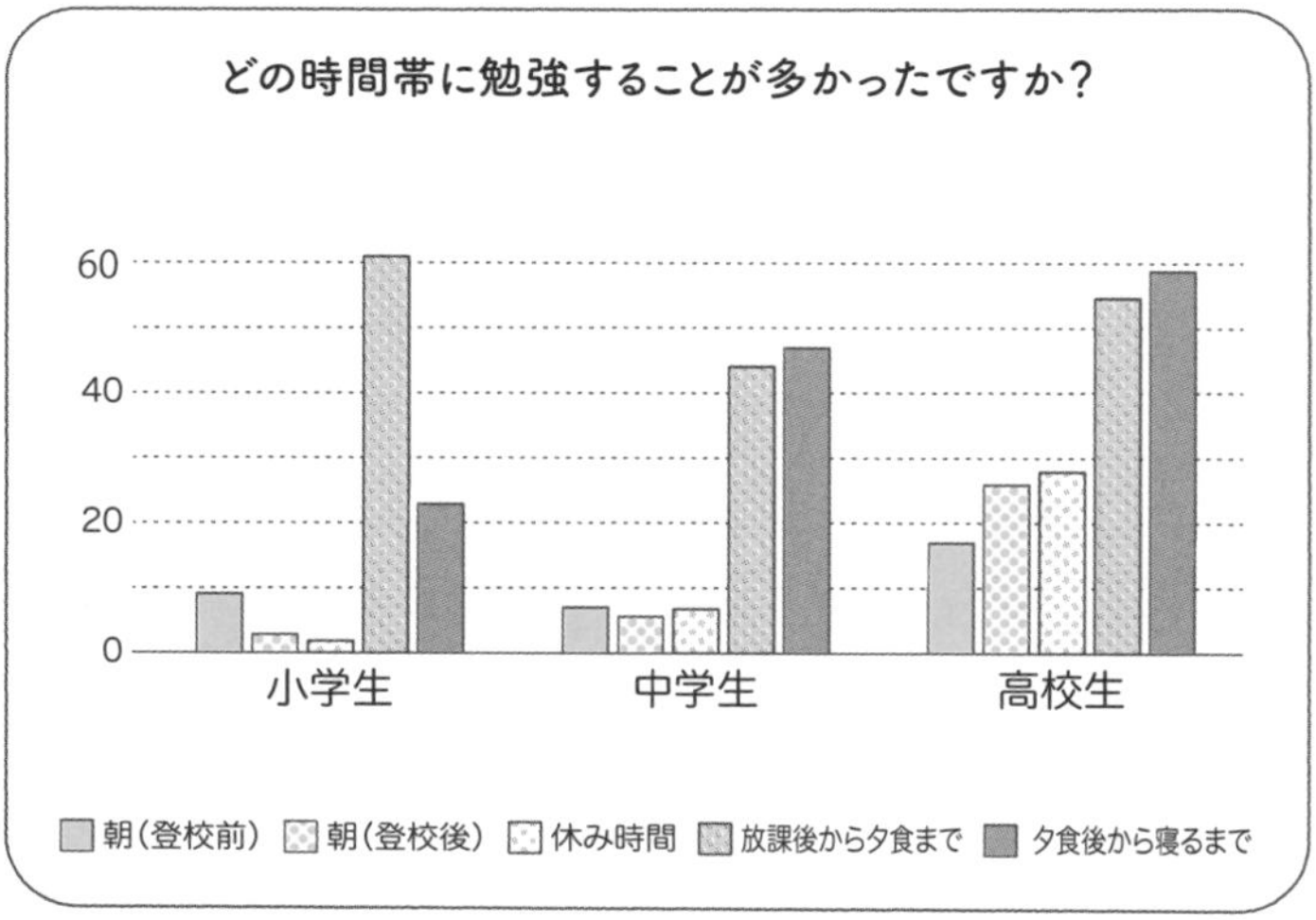

「夕食」というタイムリミットは、小学生にとって、わかりやすいものですね。このように毎日同じ時間に勉強をする習慣がついていれば、身体がそれを覚えて、勉強を自然と続けられるようになるわけです。

どうして効いたのか？

メリハリをつけることで、「時間の使い方」がうまくなっていく

みなさんは学校のチャイムにはどういう効果があるか知っていますか？

あれは、「ここから先は休み」「ここから先は勉強」と、生徒たちがメリハリを持って勉強できる効果があります。

時間をうまく活用するために重要なのは、このように「メリハリをつけること」です。

勉強するべき時間にちょこちょこ遊んだり、逆にテレビを見ながらダラダラ勉強したり、そういう生活を送っていると、うまい時間の使い方ができなくなり、よくないわけです。

だからこそ、勉強にも制限を設けるのです。

「この時間から、この時間までは勉強。でも、この時間は遊んでいい！」

このように明確な基準があれば、「その時間で終わらせよう！」という気持ちになります。

東大生に行ったアンケートでわかったことは、「自主的に時間の使い方を管理している人が多い」ことでした。一例を挙げます。

・制限時間を設定して、家族に「リマインド」してもらっていた
・「見える範囲」に時計を置いておき、どれくらい休憩したかを把握していた
・一定の時間、スマホを禁止していた

時間の使い方が上手いことが東大生になるための第一歩といえるかもしれません。
考えてみれば、一般入試で必要な5教科7科目もしくは8科目を仕上げないといけないのですから、どの勉強にどのくらい時間をかけるか、といったマネジメントもできないといけませんよね。

東大生になる子の親御さんは得てして、子どもに「メリハリのついた時間の使い方」を学ばせることから始めているのかもしれません。

・勉強の時間を「夕食前」に固定する
・メリハリある時間の使い方を身につける

東大生の声

常に時計を近くに置いておき、**「もうこれだけ経ったのか」と把握できるようにした。**

前もって時間制限を決めておき、家族に「〇〇分以上経ったら声かけて！」と言っておいた。

勉強中は**スマホを目の届かないところに置く。**

宿題を終わらせれば何をしてもいいことになっていた。宿題が終わっていないのに遊んでいると注意されたため、面倒くさくなって先に宿題を処理するようになった。

3

集中できる場所はココ！

今の子どもたちにはスマホがあります。スマホってYouTubeを見たり友達と連絡ができたりして、いくらでも遊べます。スマホ以外にも、ゲーム、漫画、アニメなど、多くの「誘惑」があります。こうした誘惑に駆られることなく、どうしたら勉強に集中できるのでしょうか？

悩み

どこで勉強すると、集中できる？

こんな解決策

勉強は「リビング」でする

ボクらには、コレが効いた！

勉強机や教材をリビングに置き、勉強できる環境にする

ルールはとても簡単で、子どもを部屋ではなく、リビングで勉強させるといいでしょう。

親御さんがいるときだけでなく、いないときも含めて、ずっとリビングで勉強してもらうようにして、**「自分の部屋では勉強しない、リビングで勉強する」という習慣をつけてもらいます。**

なので、勉強机や教材はリビングに置くといいでしょう。そこで学校の宿題や塾のテキストをやり、勉強を完結させるわけです。親御さんは、ずっと監督する必要はありません。

むしろ勉強しているお子さんにお菓子や飲み物を出すなど、見守るくらいに留めておくといいでしょう。

どうして効いたのか？

「リビングは勉強する場」と認識してもらう

アンケートを集計して、私たちも驚いたのですが、**東大生のうち約70%が、小学生時代、**

リビングで勉強していたと回答していました。

驚きの数字ですよね。理由を聞いてみると、「親の目のないところではサボりたくなるから」とのこと。親が見ている場所ではサボれないわけですね。**ぜひ、リビングは片付けて勉強しやすくしておいてください。**

ちなみに、何らかの理由でリビングで勉強できないというご家庭は、子ども部屋の机をきれいに片付け、遊び道具と勉強机とをできるだけ遠ざけておくことを勧めます。遊び道具があると遊んでしまうので、それを遠ざけて置いておくわけですね。

まとめ

・リビングはサボりにくい最適の場所！
・リビングはいつでもきれいに片付けておく

どこで勉強していましたか？

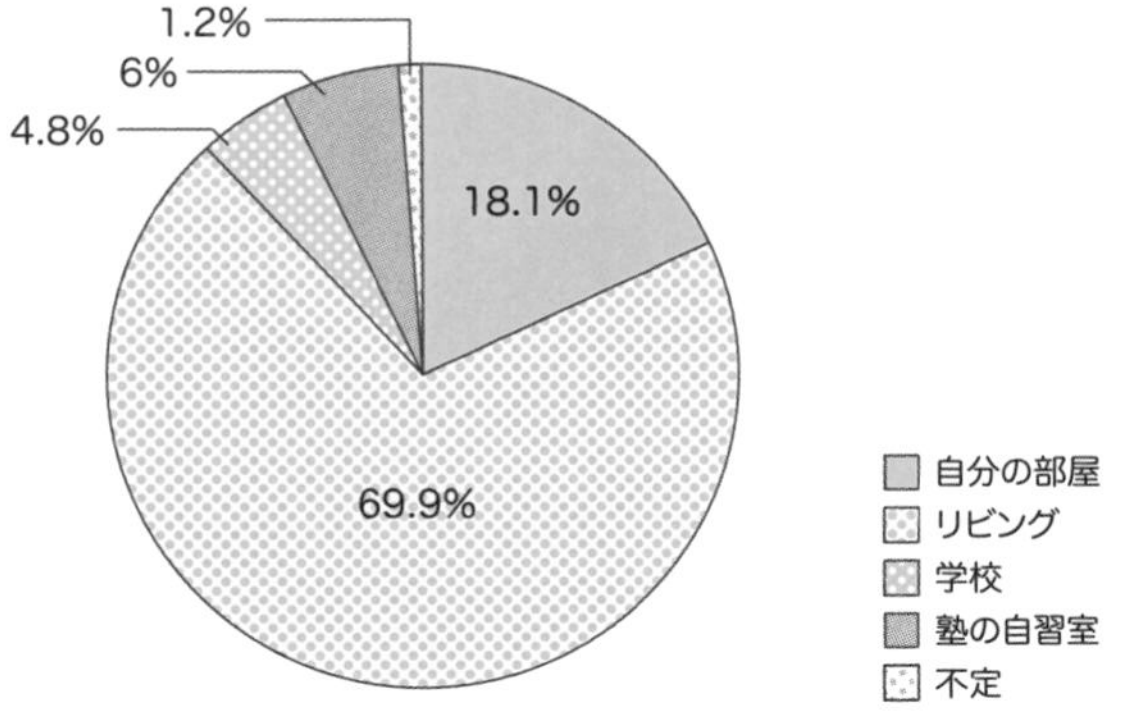

東大生の声

リビングで勉強すると集中できた。勉強中はテレビなどが消えており、気を散らすものが少なかった。

リビングにある自分の勉強机で勉強していた。**親に見られているから集中できた。**

自分の部屋だと、リビングで起きていることが気になって気が散ってしまう。あと、**「これ面白い！」「これ知らなかった！」**といった話**を母親と共有できるのが嬉しかった。**

4

「毎日、勉強する子」の親がしていること

テスト前は勉強しても、テストが終わると全く勉強しない、といったことが起きていませんか？

せっかく塾に入っても「通って終わり」というケースは少なくありません。

どうしたら、毎日コツコツと学ぶ「勉強リズム」が身につくのでしょうか？

悩み

日によって勉強をしたり、しなかったりする

こんな解決策

子どもに合った「スケジュール表」を作ってあげる

ボクらには、コレが効いた！

勉強することを明確にしておけば、すぐに取り組める

2章で紹介する奥村亮太さん（71ページ参照）は、親が勉強の計画表を作ってくれ、それに沿って勉強していたといいます。毎日、やるべきことが明確になっているため、さっと勉強できるわけです。

そこで、子どもの1週間の過ごし方を見ていて、「勉強しない日が多いな」と感じたら、**親のほうで1週間ごとに、やるべきことを決めたスケジュール表を作ってあげるといいでしょう。**ある程度、軌道に乗り、自分から勉強できるようになったら、徐々に子ども自身でスケジュールを立てられるように導くのもよいでしょう。

なお、正反対の意見として「スケジュールが決められていて辛かった」という声もありました。

そこで、**管理されるのが苦手なタイプの子どもには、**何時にどのぐらい勉強するのかを事細かに決めるのではなく、**「今日中にやるべきことだけ」を決めておき、勉強する時間自体は子どもに一任する、**などの工夫をしてあげるのも一策です。

1週間の「勉強リズム」ができる

スケジュール表があれば、その通りに学べばいいので取りかかりが早くなります。

例えば、夕食前の1時間ぐらいでできそうな勉強量を割り出して、1週間のスケジュール表を作ってみるとよいでしょう。これにより、1週間の勉強リズムができ、習慣化しやすくなります。

なお、注意点は、勉強量を増やし過ぎないことです。子どもがこなせそうな分量を見積もり、**ちょっと頑張ればできるぐらいの量**にするといいでしょう。

・**1週間ごとにスケジュールを立てる**
・**子どもがこなせる分量を見積もる**

東大生の声

小学生の間は、「火曜日の夕食後は、月曜に出された分の塾の宿題をする」「木曜日は習い事の前に宿題をする」というように**割ときっちりとスケジュールが決められていました。**少々詰め込みすぎで辛かったのですが、このおかげで中学に合格できました。

私が小学生のとき、お気に入りのクイズ番組が毎週水曜日に放映されており、私は、この番組を見ながら宿題をするのが習慣になっていました。

東大生がしていた「計算力がつく」ゲームとは？

いろんな科目の中で、小学生時代に一番つまずきやすいのが算数だといえます。算数アレルギーになってしまい、計算式なんて見たくもない、と思ってしまう子もいるかもしれません。どうすれば苦手意識がなくなるのでしょうか？

悩み

算数が苦手で、やりたがらない

こんな解決策

勉強を楽しむ「ひと工夫」をする

ボクらには、コレが効いた！

４つの数字を使った「メイク10」はお勧め

算数に計算力は欠かせません。そこで計算を少しでも楽しむために、ゲームを取り入れてみるのが一番です。

お勧めの勉強法は、「メイク10」と呼ばれるゲームです。４つの数字に対して、四則演算（＋－×÷）を使って、10を作るというゲームです。

例えば1、2、3、4なら、（4×3－2）×1で10となります。

東大生の中でも、４つの数字を見つけると、この「メイク10」をやっていたという人は多いです。11月25日なら1、1、2、5で、24分35秒なら2、4、3、5など、目にする数字を使って、「メイク10」をやっていたそうです。

「メイク10」以外にも、「素因数分解ゲーム」もお勧めです。これは、１つの数を素数の掛け算に分解するゲームです。

例えば、12は2×2×3ですね。60は2×2×3×5、729は3×3×3×3×3×3と分解できます。

一方、97は分解ができず、この数字が素数だとわかります。

このように、一つの数を一番早く因数分解できたり、素数だと判定できたりした人の勝ち、というゲームをやってみるのです。計算力をアップできるように、こうした数の遊びができるような訓練をしてみるのです。

6章でも紹介しますが、**数字に関するボードゲームをするのも一案でしょう。**論理的思考を育てることに特化した「algo」や「タギロン」といったゲームなど、家族で遊んでみるのも良いでしょう。

どうして効いたのか？

計算力がつけば、問題を解く時間が増える！

必要なのは、計算力です。とにかく計算のスピードを上げて、ぽんぽんテンポよく計算ができる状態になっていれば、問題を考える時間も増えて、算数でも数学でも、得意になります。

他にも、東大生の3分の1は、公文に通っていたことが明らかになっています。「公文に通ったからこそ計算力がついた」と振り返る人もいました。

また、数学の試験に目を向けてみると、東大文系数学の試験時間100分の中で、四則演算をやる回数というのはだいたい700回以上あります。計算が遅いと、問題を解くことも、授業についていくことも、試験でいい点を取ることもできないのです。

東大生へのアンケートでも様々な意見が出ています。**東大生といえど、算数や数学が苦手だったという問題は共通しているようです。その状況を打破するために「どうにかできるようになってほしい」と各家庭で多様な工夫を凝らしていたようです。**

- **計算のゲームや、親子でできるゲームで苦手を克服する**
- **公文のスタイルを取り入れる**

東大生の声

算数がずっと苦手でした。小学生のときは母が隣で一緒に問題を解いてくれたり、問題集の問題を裏紙に書き写してくれて、**解くモチベーションを高めてくれていました。**母は絵が好きなので、ときどき問題に絵が描いてあったりして、少しでも楽しませようとしてくれていたのだと思います。

中学生以降、両親は見守る形の応援になりました。高校時代も相変わらず数学がとても苦手でしたが、母が自身も数学が苦手だった話をよくしてくれて、

「なんで数学ってこんなに難しいんだろうね」

などとよく笑って話していました。**寄り添い続けてくれた母のおかげで、数学を嫌いになることなく続けられたと思っています。**

東大生の声

「簡単な問題から解法をしっかり理解する」→「徐々に難しい問題にチャレンジする」といった流れで勉強していた。

とにかく**計算力をつけるために、100マス計算や分数、小数、単位の計算問題を毎日していた。**計算が早くなると成績も伸びた。

科学館に行った際に買ってもらった**algoというゲームをすることで、数字に対する感覚を磨けたと思う。**

東大生の声

算数は好きだったが、計算を淡々と解く計算ドリルをやるのは嫌いだった。

別解を考えたり、パズルのようなおまけ問題を解いたりするのが好きだった。**楽しいと思える分野を勉強したので、好きでいられたのだと思う。**

2

東大生５人が語る

コレで勉強にハマり、やり切った！

東京大学5人組
みんな東大生か〜 優秀よね〜
すごいわ〜
中学受験はもちろん 第一志望校に受かったんでしょう
ニコ
中学校は通いやすい学校を選びました 塾には通わず 市販の塾のテキストで勉強しました
教育学部
田之倉さん
小4から塾に行ってましたが 黒歴史ですね〜 第一志望校は落ちました
前期教養 理科一類
松岡さん
僕も同じく ハハハ
前期教養 理科一類
奥村さん
し〜〜ん
……
……
あら 西岡さんと布施川さんは？
小学生時代 全く勉強せず 塾もサボってました なんとか 私立にもぐりこみましたが
経済学部
西岡さん
同じく 受験勉強に興味が持てず 中学は偏差値40ぐらいの学校に 特待生として入りました
文学部
布施川さん

あら
意外ね～
中学時代
成績は下の方
でした
ぼくも！
じゃあ
みんな
……
にゃぜ？
なんで
東大に入れ
たの…!?
小学生時代 コツコツ勉強する習慣を身につけたことが大きいです！
中学入学後 上位をキープしたくて 毎朝 早く学校に行って勉強するようになったんです
ぼくは 小学生時代 計画を立てて勉強する習慣が身についたのが大きいと思う
小学生のときにしていた通信教育の影響が大きいかな
締め切りに間に合わせたり 目標点数を取るためにどう勉強すればいいのかを自分で管理するようになりました
みんなすごいわ！
小学生時代のことって一生を左右するのね
心の中
まずい――
うちの子 何も計画立ててないわ――

僕は叱られても ずっと勉強しなかった でも中2のとき 意識が変わったんです
「成績が絶望的だ」と教師に言われたとき そばに母親がいたのに全く怒られなかった
「このままじゃダメだ！」と思い 目が覚めて勉強するようになったんです
本当…
母に感謝ですね
えっ？ 放っておかれた方がいいんだ
ビックリ！
心の中
まずい！ うちは口を出しすぎてるわ
ぼくは浪人したんですが 家では誘惑が多かったので「家では勉強しない」「そのかわり予備校では勉強しかしない」と決めていました
親が何も言わずに見守ってくれていたのが助かりました
（親御さんすごいわ）
口を出さないのも愛なのね
ヒー
ヒー
フー
覚えておこう… 忍耐 忍耐

親の姿勢が子どもに大きな影響を与えるのね
気をつけないと…
どんな親御さんだったのかしら？
父の言葉で印象的だったのは『将来の夢はまだ焦って決めなくてもいい　ただし　やりたいことが見つかったときにその道を選択できるように今はしっかり勉強しなさい』です
名言ね～～（泣）
『受験は運と縁』と言い切る母の言葉が心の支えになりました。『やることをやったら大丈夫だ』と　いつも僕の背中を押してくれました！
父は勉強を教えるときに必ず「これは将来こういう勉強につながってる」と言ってくれた
展望を持たせてくれたことに感謝しています！
子どもを信じて見守り口を出しすぎない
よし！
これが決め手になるのかもしれないわ！

自分から勉強するようになるキッカケとは？

小学生時代は勉強を「やらされる状態」から「自分でやる状態」へと切り替えていく大事な時期です。

親にやらされているうちは、成績が悪くても、「親に叱られるのがいやだな」と思うぐらいで、本当の意味で頑張ろうとは思えていません。子どもが「自分でやる状態」になってくれるのが一番なんですよね。

これから5人の東大生を紹介します。いずれも、**ある時点で、「やらされる状態」から「自分でやる状態」へと切り替わる経験をしています。**その時期が小学生だった人もいれば高校生だった人もいます。

どのようにして彼、彼女たちの意識は変わったのでしょうか。そして、その変化が勉強の取り組み方にどのような変化をもたらしたのでしょうか。**親や周囲の人との関わりを紹介しながら、その過程をご紹介します。**

（紹介する東大生）

田之倉芽衣（教育学部・推薦）→58ページ参照

通塾せず私立中に合格。中高時代は早朝から学校に行き勉強する。東大には推薦合格。

松岡頼正（前期教養学部　理科一類）→64ページ参照

得意教科は理科、国語。小学生時代に「プランを立てて勉強する」習慣を身につける。

奥村亮太（前期教養学部　理科一類）→71ページ参照

小学生時代、父親の影響で理科、算数が好きになり、絶対的な得意科目となる。

布施川天馬（文学部）→78ページ参照

親に管理されるのが嫌で、やると決めたことはやり切る習慣を身につけ、好成績を維持する。

西岡壱誠（経済学部）→84ページ参照

小学生から勉強が嫌いで逃げ回るも、高校2年次の教師の言葉で目が覚める。

「自分のために勉強する」という意識が私を変えた

〈人物紹介〉田之倉芽衣（教育学部・推薦）

公立の小学校に通い、小6から中学受験の勉強を始める。自宅学習で日大三島中学に合格。中学入学後は、学校の勉強を中心に学び、塾には通わなかった。入学後の試験で学年1位をとってから自信がつき、熱心に勉強するようになる。中高を通して、朝早く学校に行き、予習・復習をするという勉強スタイルを貫き、上位の成績をキープする。東大受験を意識するようになったのは、高1のときに東大受験を勧められたことがきっかけ。

座右の銘は「一日一笑」。

中学受験を始めたのは小6のとき

ゲームが好きで、中学受験の勉強を始めるまでは、宿題以外の勉強を一切していませんでした。中学受験を意識し始めたのは小6の夏です。私自身は中学受験をしたかったわけではないのですが、両親が私立に行かせたいと思っていたようです。このため、私が「行きたい」と思うようにいろいろな工夫をしていたようです。その一つが、小6の夏に参加した学校説明会でした。

受験勉強をするといっても塾に通うわけではなく、以前塾を経営していた父に、算数と国語を教わりながら勉強していました。

算数の教材は市販で購入できる塾のテキストでした。小学4年生向けのものから始めました。受験勉強を始めた当初はすでに6年生でしたが、「分数で引っかかる子が多い」という父の経験則から、4年生の復習から始めました。

自分の頭で考え、理解する練習をした

夏休みから試験直前まで、毎日2〜3時間を目安に勉強を続けました。平日は学校から帰ってすぐに勉強に取り掛かるようにし、休日は午前中のうちに1日の目標勉強時間を達成できるように促されていた記憶があります。**これは、私が食べることがとても好きなため、ご飯の前に勉強時間を設定することでモチベーションを上げる効果がありました。**

算数はまず一番簡単な問題集から始め、1冊終わるごとに難易度を上げていきました。問題集の範囲はほとんどが学校で学習し終わった分野だったため、自力で問題を解いていくことが中心でした。

問題を解くときに父から言われていたことは、「5分考えてわからなかったら答えを見ろ」ということです。試験本番に解けない問題が出題されたときに、いたずらに時間を使わないように、という意図があったそうです。答えを見てもわからなかったら、父に教えてもらう、という形で学習を進めていきました。

解けなかった問題は、必ず次の日にもう一度解くように言われていました。それで解けたらよし、解けなかったらまた次の日に解くということを、全ての問題が解けるようになるまで繰り返しました。このように勉強をしたおかげで、算数の知識はほとんど抜けのない状態で中学生活を迎えることができました。

父の教え方で印象的だったのは、「絶対に答えを言わない」ということです。問題を解くためのヒントを出すようにしてくれていました。ヒントしかもらえないということは、いずれにせよ自分の頭で考えなければならないということです。自分で解き方に気づくことで、解き方を丸覚えするのではなく、理解しながら覚えていくことができました。結果的に、中学受験では志望校に受かることができました。これも、算数を抜けもれなくしっかりと学べたおかげだと思っています。

読書習慣について

幼稚園生の頃、**『たんじょうびのふしぎなてがみ』**（偕成社）という絵本が大好きでした。誕生日に差出人不明の手紙を見つけ、その手紙に書いてある指示をたどって冒険するという内容の絵本です。それを知っていた**両親が、私の誕生日に絵本の内容に似せた手紙を作ってくれたことがありました。このように、本の世界が楽しめる工夫を度々してくれたことは、本を好きになった要因の一つでもあります。**

幼稚園生のときに絵本を楽しんでいたおかげもあってか、小学校に上がってからも本好きは変わりませんでした。週に1回、母と買い物に出かけるときには必ず本屋に寄って、新しい本を買ってもらいました。

なかでも、**『リアル鬼ごっこ』**（幻冬舎文庫）という小説を読んでからは、その本の書き手である山田悠介さんの作品を読み漁っていた記憶があります。小学生が読むには少し刺激の強い描写も多い作品でしたが、特に諫《いさ》めることもなく自由に読ませてもらえたのはありがたかったと感じています。

中学校に上がってからは、**『十二国記』**（新潮文庫）などの長編シリーズものも読むようになり、「読む体力」を養うことができました。

やる気になった親の言葉や働きかけは？

小学生のとき、両親に褒められるのがすごく嬉しくて、褒めてもらうために学校の勉強を頑張っていた節がありました。それ自体は悪いことではありませんが、「自分のための勉強」がどういうものなのかが、よくわかっていませんでした。

このような勉強に対する考え方が変わったのは、小学6年生のときです。卒業文集に、将来の夢を書くスペースがありました。当時の私は将来の夢が特になく、周りの友達がスラスラと書いていることに劣等感を感じていました。

このとき、父にかけられたのが、次の言葉です。

「将来の夢はまだ焦って決めなくていい。ただし、やりたいことが見つかったときに、その道を選択できるように、今は勉強をしっかりと頑張りなさい」

腑に落ちる感覚があり、「自分のための勉強」を初めて意識しました。このときから、「他人のための勉強」だけでなく「自分のための勉強」もできるようになりました。「他人のため」、「自分のため」という2つのモチベーションは、現在に至るまでいろいろなことに挑戦し続ける原動力になっています。

父からかけられた言葉で今でも覚えているものがもう一つあります。

それが、**「受験の合否は人生における無数の枝分かれの中の一つでしかない」**という言葉です。

この言葉をかけられたのは、中学受験の試験直前のことです。合否判定テストを受けていない私にとって、中学受験に合格できるかどうかは未知数であり、人生初めての挑戦に大きな不安を抱えていました。「不合格だったら人生終わり」くらいの気持ちだったと言っても過言ではありません。

そんな行き過ぎた心配を払拭し、気持ちを軽くしてくれたのが、この言葉です。

この言葉があったからこそ、肩の力が抜けた状態で試験に臨むことができました。中学受験が終わった後も、いろんな選択を目の前にしたとき、あの父の言葉が背中を押してくれます。

「プラン」を立てて実行する力が物をいう！

（人物紹介）松岡頼正（前期教養学部　理科一類）

小４から通塾し、中学受験を開始。得意教科は理科と国語。幼い頃から、興味関心に寄り添ってくれた母親のおかげで、納得するまで調べる態度を身につける。プランを立てて勉強する重要性も教わり、小学校時代に習慣化する。中学受験を経て西大和学園に入学。成績が低迷する時期があったものの、口出ししない両親のおかげで、自分のペースで勉学にまい進。高校では徐々に成績が上がり、東大一択で受験することに。「デイリーミッション」を立てて勉強に励み、合格を勝ち取る。座右の銘は「なければ、つくればいいじゃない」

理科が好きになったわけ

塾には小４で通い始めました。いわゆる「受験勉強」というカテゴライズの勉強に取り組み始めたのは小４になってからです。宿題の量もかなり多かったので、塾で授業を受けて、帰って宿題をやって、また塾で授業を受けて……という繰り返しでした。通塾前も同じように、学校から帰って、夕飯前くらいまで勉強する、という「勉強のリズム」はきちんと作るように意識していました。

得意だった教科は、理科と国語です。**理科が得意になった……というより、正確に言うと「好きになった」が先のような気もします。**

いずれにしても、ルーツは母です。物心つくかつかないか、という頃から、僕が身の回りのものに対して抱く「これは何だろう?」という疑問に、母は、付きっきりで一緒に考えてくれていました。

例えば、何かの幼虫や、道端の植物、ふとしたときに見かける鳥……、僕が「これは何かな?」と思って、それを口にすると、母がすぐに図鑑を持ってきてくれて、「これかな?いや、こっちかな?」と納得がいくまで、一緒に調べてくれました。

そのおかげで、**小学校に入るまでには、「気になることがあったら、すぐに調べる」ということが習慣化していました。**

そのころには、図鑑一式を買ってもらっていて、「これは何だ?」と思ったら、すぐに本棚から図鑑を引っ張り出して、納得いくまで調べることができる環境も整えてもらっていました。そのことが、僕を理科好きにしたんでしょうね。好きだから、勉強も苦にならないし、結果的に得意になる……まさに「好きこそものの上手なれ」だったんだろうと思います。

もう一つ、僕が得意だったのは国語です。小さいころから、夜寝る前に読み聞かせをしてもらっていたこともあって、本は大好きでした。受験勉強が本格化するまでは、それこそ、定期的に図書館に通って本を借りて読んでいました。だから、もともと、「読む力」のようなものは育っていたんだろうと思います。

計画を立てる習慣は、ずっと役立つ！

東大受験でもっとも役に立った経験といえば、「プランを立てて勉強する習慣」です。これも、習慣づけをしてくれたのは母でした。

例えば、夏休みに出される宿題は、母が「何月何日にはこれをやろう」というように、毎日、均等に取り組めるように割り振ってくれていました。

子どもながらに、すごく楽しかったのは、「1日分の宿題」がカレンダーみたいに一覧表になっていて、「1日のやること」が終わったら、「よくできました」みたいなシールが

貼られていったことです。プランを立てたときには、カレンダーにびっしり書き込まれていたタスクが、1日1日、その「よくできましたシール」で見えなくなっていく、というのに、ものすごく達成感を感じていました。

夏休みのラジオ体操のカードが埋まっていくような感覚、と言えば伝わるでしょうか。きっと、小さいながらに「達成していくことの楽しさ」を味わっていたんでしょうね。そのとき味わえた「達成感」がその後の勉強にも活かされたと感じています。

小4で通塾するようになってからは、塾から課される課題を「こなす」だけで精一杯になっていたので、実際に自分でプランを立てて勉強するようになったのは、中学・高校時代です。例えば、夏休みの宿題も、夏休みが始まる前に、すべてプランニングして、それを粛々と実行するようにしていきました。自分で立てたプランをきちんと遂行できると、やっぱり達成感が味わえて良かったです。

大学受験期もその延長で、「デイリーミッション」を立てて、それをきちんと実行するよう心がけていました。試験当日に近づいていくにつれて、学校から課される課題は減っていって、その分、「今、自分がやるべきこと」をあぶり出して、一つひとつ確実にこなしていく、という勉強に変わっていきます。

例えば、僕の場合は、数学、物理、化学、英語、リスニングの過去問に1問ずつ取り組む、というのをデイリーミッションにしていました。このデイリーミッションを終わらせたら、あとは自分の好きなことをやる、というようにしていたんです。YouTubeなども見まくっていましたね。

それこそ、小学校のときに、「宿題が終わったら遊びに行って良い」というのと同じ感覚ですね。受験期前までは、毎日の勉強としては、学校から課される課題を期限通りに提出すれば、ある程度ペースメイクできていました。そういう課題がなくなっても、きちんと「自分のやるべきこと」をプランニングでき、それを実行できたのは、やはり小学校からの学習習慣があってこそだと思っています。

ありがたかったのは、「僕を信頼してくれた」こと

勉強、特に理科や読書を好きになるきっかけをつくってくれたこと、そして、学習習慣を身につけさせてくれたこと、僕の勉強の土台を作ってくれたのは、両親……特に母だった、というのは前述した通りです。とにかく、**両親は、僕が興味を持ったことには、とこ**

とん付き合ってくれました。「知りたい」「やってみたい」、そんな僕の想いにとことん向き合ってくれたことが「今」につながっているなと感じています。

自分で勉強に取り組むようになってからも、両親はさまざまな形で僕をフォローしてくれていました。

一番、ありがたいと思っているのは、僕を信頼してくれていたということです。中3のときに、成績が上がらず、四苦八苦する時期が長く続きました。

課題も提出率100％、日々の勉強も手を抜かず、きちんとこなしている……でも**成績が上がらない、という辛い時期が続きました。そんなときでも、両親からマイナスの言葉をかけられたことは一切ありません。**

「やることは、やってるんやろ」

「うん、やってる」

「じゃあ、大丈夫、いずれ上がる」

両親は、常にそんな感じでした。成績が下がって、そこから上がらなくなったら、「勉強方法が違っているんじゃないか」とか「何か新しいことをした方がいいんじゃないか」と言いたくなるのが普通ではないかと思うのですが、両親は、一切そのようなことは言いませんでした。

やるべきことをきちんとやっているのだから、いずれ結果はきちんと出る……。そうやって、僕を信頼してくれていたのが、本当にありがたかったです。
「そのまま頑張っていればいい」と、つかず離れず、見守ってくれていたのが大きな力になりました。

母に言われたことで、一番印象に残っている言葉は「受験は運と縁」。

母はもとから歴史が好きな人で、僕も母に連れられて、小さいころ、いろいろな神社仏閣に行ったことがあります。そこでよく耳にしたのが「ご縁」という言葉でした。母は、「人と人とを結びつけるのは縁」とよく言っていました。それは、受験も同じだ、という考えだったんだと思います。中学受験のとき、
「灘には縁がなかったんや。そのかわり、西大和とは縁があったんや」
と言われたのをよく覚えています。**大学受験のときも、「受験は運と縁」という母の言葉が僕を支えてくれていました。それから、「やることはやってるんやろ、じゃあ大丈夫！」という言葉も。**

試験当日、緊張してしまう人も多い中、「人事を尽くして天命を待つ」という心境で、冷静に入試に臨めたこと、そして、志望していた東京大学理科一類に合格できたことは、両親の支えがあってこそできたことだと、本当に感謝しています。

3 将来を見通した父のおかげで、受験勉強を楽しくやり切った！

（人物紹介）奥村亮太（前期教養学部　理科一類）

小４から始めた受験勉強では毎日1、2時間、勉強するスタイル。父親がしてくれた「勉強のスケジューリング化」で、計画を立てて勉強する姿勢を身につける。父親の影響で理科、算数が好きになり絶対的な得意科目になる。中学受験では西大和学園に合格。大学受験では、父から学んだ「間違ったところはメモに残す」習慣を徹底し、不得意分野を徹底攻略する。結果の良し悪しではなく、「なぜその結果が出たのか」を考えることの重要性を教えてくれた父の影響は大きい。東大一択で臨んだ受験で、見事合格する。座右の銘は「やるときはやる、休むときは休む」

僕にとって、算数は楽しむものだった

通塾を始めたのは、4年生の11月からです。受験を意識して勉強を始めたのは、ちょうどその頃から。通塾を始めて、5年生が終わるまでは週に2日間、塾で勉強をしていま

した。小6になってから、通塾が週に3日間に増えたのですが、いずれにしても、塾に行った日は、塾での勉強だけで精一杯。だから、塾に行った日は、家ではほとんど勉強していません。塾のない日には、塾に行っているであろう時間帯に勉強する、と決めて勉強に取り組んでいました。勉強時間は大体、1日1時間。多くても2時間いかないくらいでした。**勉強方法もいたってシンプル。塾では予習はしなくていい、そのかわり復習はしっかりと、と言われていたので、その通りに取り組んでいました。**塾でしっかり授業を聞いて、復習をして、出された宿題にきっちり取り組む……そんな日々を送っていました。

得意教科は、小学校からのときからずっと、算数と理科でした。**低学年のころ、僕にとって、算数は「勉強」というより、「楽しむもの」。**例えば、算数セットに入っている時計の針を動かして遊んだり、たぶん今も小学生が使っているであろう黄色い算数ブロックを使って遊んだりすることが大好きな子どもでした。

あわせて、そろばんも習っていたので、計算自体が得意で、スピードも速かったです。だから、単純に算数は、僕にとって「楽しむもの」。楽しいから、勉強も苦ではないし、自然と成績も上がっていったように思います。

父の影響で理科が好きになった！

理科に興味を持ったのは、親の影響が非常に大きかったです。

確か、小学校に入る前くらいのころだったと思うのですが、家の窓から見える「N」と書かれた大きな看板があって、それを**父が「Nというのは、元素記号では窒素のことを表すんだよ」と教えてくれました。**それがずっと僕の記憶の中に残っていて、小学生になってから、理科室の前に貼り出された元素周期表を見て、「あ、お父さんが言っていたのはこのことだったんだ」と。**じゃあ、N以外の元素記号って何だろう、というように興味が湧いて、気がついたら元素周期表を覚えていました。**

よく覚えているのは、父がよく大阪市立科学館に連れて行ってくれたこと。今でも鮮明に覚えているのは発電についての展示です。僕がじっと見ていたら、父が、隣で発電の仕組みを教えてくれました。このときだけでなく、**僕が興味を持っていることを察知すると、それについて父が自分の持っている知識を教えてくれる、ということが何度となくありました。**算数と同じように、理科は僕にとって常に「身近にあるもの」だったのだと思います。

計画を立てて学んだ習慣が役立った

東大受験をするにあたって、小学生のとき身につけた勉強習慣の中で非常に役立ったと思うことは、「勉強のスケジューリング化」です。

小学生のころ、勉強時間や内容は、すべて父が管理してくれていました。やっぱり小学生ですから、自己管理は難しいわけです。といっても、無理な内容を押し付けてくる、ということは一切ありませんでした。1週間、1ヶ月に僕が取り組むべき内容、すなわち塾の宿題だったり、復習だったり、というのを父が把握してくれました。**それらについて「1日にこれだけやれば、きちんと終わるね」と表にしてくれて、小学生の僕に「見える形」にしてくれるわけです。**

もともと父は、スケジュールや成績をしっかり管理することが好きだったので、スケジューリングについては苦ではなかったのかもしれませんが、細かく僕の状況を把握してくれて、無理のないように「やるべきこと」を設定してくれたのは、思い返すと非常にありがたかったです。僕の方も、父が立ててくれたスケジュールについて、ときどき文句は言いながらも、しっかりとこなしていました。

中学生、高校生に入ると、もちろん自分で勉強しなければなりません。でも、小学生での勉強習慣があったからこそ、計画を立てて勉強を続けることができました。**勉強は「毎日取り組んで当たり前」というような意識が芽生えたのは父のおかげだと感謝しています。**

もう一つ、父に教えてもらった勉強習慣で、非常に役に立ったことは、「間違ったところはメモに残す」という習慣です。例えば、テストで僕が間違えた問題に関して、父が問題と模範解答を見比べて、小さい紙に「こういうところが間違っていた」ということをメモに残してくれるんです。面白いのが、問題それ自体、というより「間違え方」についてメモしてくれていたこと。ミスしたところを具体的に文字で起こしてくれることによって、自分自身「こういうところが苦手なんだ」と認識できるようになりました。

高校3年生になって、いざ受験となったとき、自分の成績を上げるために何が必要かを考えて、行き着いたのが父直伝の「間違ったところはメモに残す」という方法です。そのときは、小学生時代に、父がやってくれていた方法とは少し違って、**自分が間違えたところをメモに残して、間違えなくなるまで復習し続けるということを繰り返しました。**たまったメモは、数十枚ほどになるでしょうか。父が教えてくれた勉強習慣を自分なりにアレンジして取り組んだことが、東大受験の成功につながったと思っています。

父の言葉が、東大合格への道しるべになった

さらに、僕が父に感謝していることがあります。それは、小さいときから、常に「今の勉強がこの先の勉強につながっている」ということを示してくれていたことです。

中学受験のための勉強をしていると、中学受験では使わないけれど、この先、高校や大学の勉強につながっていくような内容にも触れることがあります。**父は、そのようなときに、必ず「将来こういう勉強につながっていくんだよ」と教えてくれました。**

「今はまだ習わないけれど、ちょっと先にこういうのを習う」と示してくれたことで、少し大げさに言えば未来への展望が開けたんだと思います。今、勉強していることが未来につながっていく、そういう思考で勉強に取り組めたのは父のおかげだと感謝しています。

成績に関して言えば、父も母もうるさくは言いませんでした。勉強に取り組んでいれば、当然、成績のアップダウンはあります。でも、出た結果の良い悪いについてとやかく言われることはありませんでした。

特に父に関して言えば、成績が良ければ「なんで良かったん？」、成績が悪ければ「な

んで悪かったん？」ということを必ず聞いてきました。

僕が「こういうところが良かった、悪かった」という話をすると、「それが自分でわかっていればいい」と。**結果の良し悪しに目を向けるのではなく、「その結果がなぜ出たか」という点が大切だと教えてくれていたのだと思います。**母は、詳細についてはノータッチ。でも、そんな母の大らかさが、僕にとっては癒しでもありました。

東大受験の日は、父だけ、一緒に東京に来てくれました。送り出してくれた父がかけてくれた言葉は、「楽しんでこい」。「頑張れ」ではなく、「楽しんでこい」……実は、これは、受験期の間続けてきた、模試に行く前の両親とのやり取りなんです。「楽しんでくるわ」と僕が言って、「楽しんでこい」と両親が送り出す……。

東大受験という大舞台の日に父からかけてもらった「楽しんでこい」という言葉、きっと僕は一生忘れないと思います。

4

管理されるのが大嫌い。だから、決めたことは100%やる

（人物紹介）布施川天馬（文学部）

小学生時代、通信教育を受け「締め切りを守る意識」を身につける。長編ファンタジーが好きで、数多の本に加えゲームの攻略本も読破。国語力も飛躍的に伸びる。特待生として地元の私立中学に入学する。その後、一貫して良い成績を収める。高校3年時、家の経済状況を鑑みて東大受験を決意。塾のみで勉強し、家では勉強しないというスタイルで学び、一浪して合格する。座右の銘は「乾坤一擲」。

小学校時代、身につけて良かった習慣

小学生のころは、親から「塾に行きなさい」「通信教育をやった方がいいよ」といった圧力を感じてやることがほとんどでした。親も最初のころは、あの手この手を使って勉強

させようとしていたようでしたが、最終的には諦めて何も言ってこなくなりました。
唯一モチベーションをもって取り組んだのは通信教育です。おかげで「締め切りまでに間に合わせよう」という意識をもつことができました。

僕はそもそも管理されて勉強することに対して異常なまでにストレスを感じる体質ですから、締め切りさえ守ればいいよ、という契約は僕にとっても大変気楽なものでした。

これは中学校時代へも受け継がれていくことになります。「学期末の評定平均で一定以上をとっている間は勉強に対して何も言わない」という契約で過ごしていたので、僕が家でゲーム三昧でも何も言われませんでした。

「勉強をするうえで何が一番必要か？」と問われれば、「締め切りを守る意識」だと思います。勉強するとなれば、何かの目標に向けて勉強するわけですから、必ず達成すべき目標点数が存在するわけです。その点数を試験当日までに達成できれば合格できるし、そうでなければ落ちるわけです。

この読書習慣で、要約力が身についた！

長編ファンタジーが好きでした。**『ハリー・ポッター』**（静山社）はもちろん、当時はやっていた**『バーティミアス』**（理論社）、**『デルトラ・クエスト』**（フォア文庫）、**『セブンスタワー』**（小学館ファンタジー文庫）、**『ダレン・シャン』**（小学館ファンタジー文庫）などは軒並み読破していました。あとは青い鳥文庫なんかにも手を出していた記憶があります。**『二分間の冒険』**（偕成社文庫）などは特にお気に入りでした。

とはいえ、これだけが読書ではありません。**僕が一番何よりも読み込んでいたのはゲームの攻略本でした。**もともとは『ファイナルファンタジーⅦ』というゲームの分厚い攻略本に書いてある様々な攻略情報や、キャラクターの過去や背景をつづった設定資料集、制作スタッフに突撃したインタビュー記録などの情報を読みたくて、自力で字を覚えました。**漢字や難しい言葉遣いを知ることができたのは、すべてこのゲームの攻略本によるものです。**もちろん小説なども寄与してくれましたが、何よりも読んでいて楽しかったのは、ゲームの攻略本でした。

この経験は僕の国語力を大いに上げてくれることになりました。後から聞くところによれば、当時通っていた小学校の中でも有数の実力を見せていたようで、先生からかなり褒められていたのだと親からは聞いています。

読解する中でどんな力が国語力の上昇に寄与してくれたか、これはおそらく要約力の上昇にあると思います。僕は、小学生の頃に読んだ本の内容を細かく覚えてはいません。しかし、どんなあらすじで、どういう道筋を辿ってどんな結末を迎えるのかという流れだけは今でもしっかりと覚えています。これは、僕がそれぞれの文章に対しては注意を払っておらず、ざっくりとした流れを見て文章を読んでいたことを表しています。

国語力とは「要約力」です。言われている内容をどれだけ自分なりに消化できるかどうかで勝負は決まります。小説や攻略本を読むうちにそれらの能力が醸成されていき、実地訓練として役に立ってくれたことは間違いないといえるでしょう。

受験期、「家では勉強しない」と決めたわけ

結果として勉強するようになったのは高校3年生のときでした。

このころには、僕の家の世帯年収は３００万円台で、私立大学に通うことが難しいこと

がわかっていました。家から通える国立大学は東大くらいしかなかったので、もともと東大志望ではあったのですが……。それと同時期に母の乳がんが発覚し、父も会社を辞めて独立するなど、**いろいろなアクシデントが重なる中で「自分の人生は自分で面倒を見ないといけない」という意識が強く芽生えました。**

その中で、自分自身のキャリアを安定させるためには、やはり東大に行くのが一番いいだろうと思い、改めて東大を目指そうとし、勉強に向き合うようになりました。

ということは逆に、それまでは全く勉強していなかったということになります。実際に、高校3年生になるまでは、試験前日以外はまったく勉強していませんでした。学校が終わったら部活、それが終わったらゲームをして寝るという有様で、勉強が入り込む余地がなかったのです。

僕が一番感謝していることは、両親がこの惨状を高校3年生ひいては浪人中まで許してくれていたことです。**僕は、家では誘惑が多いからこそ全く勉強がはかどらないと見切り、「家に帰ったら一切勉強しない」と決めていました。**軽い復習がしたくなったらする程度で、家に帰ってまで勉強を己に課すことは悪影響だとすら思っていました。

しかし、普通ならば親はそうは思わないと思います。親の気持ちとしては、自分の見ているところで勉強をしてもらわないと、子どもが本当に勉強しているかどうかわからず不安になることでしょう。

でも、**僕の親は全くそういったことに口出しせず、家で僕がゲームをしていても黙って見守ってくれていました。「勉強、大丈夫なの？」と聞かれることはあっても、「勉強をしろ」と言われることは終ぞありませんでした。**

今から振り返ると、もし受験生活中に、または浪人生活中に親から勉強しなさいと括りつけられていたら、僕はストレスで死んでいたかもしれません。もしくは反発して勉強しなくなり、東大に落ちていたかもしれません。

僕が今こうして東大生として道筋を歩むことができているのは、すべて僕が僕自身と交わした「家では勉強しない。その代わり学校では勉強しかしない」という契約を守り続けていたからこそに他なりません。僕の親は僕がこの契約を守り続けることを助けてくれたのですから、感謝してもしきれません。

このキッカケで、勉強から逃げ続けた僕が変われた！

（人物紹介）西岡壱誠（経済学部）

小学生のころは勉強が嫌いで、塾に入ってもサボる日々を送る。なんとか私立中学に入学したものの成績はずっとビリのまま、高校1年終わりまで暗黒の日々を送る。高2のとき「『なれま線』を超えろ！」という先生の言葉がキッカケとなり東大を受験することに。怒涛の勉強を開始する。中学時代の勉強からやり直しながら独自の勉強法を編み出し、二浪して東大に合格する。座右の銘は「人生とは今日一日のことである」。

小学校、中学校で、ずっとビリだった

小中学校時代、全然勉強しない子どもでした。近くの塾に入りましたが、本当に行きたくなくて、逃げていました。とにかくゲームが好きでした。ポケモンやロックマン・メガ

テンシリーズ・ムシキング……遊んでばかりいました。もう一つ熱中したのは作文で、ゲームで妄想した世界を作文に書いていました。中学受験もあるのに、塾をサボって作文ばかりしていて怒られていました。最終的には100枚くらいの原稿の小説が出来上がりましたね。そのときの経験が、作家としての道を開いた面もあるのかもしれません。

長編ファンタジーが好きだった

長編ファンタジーが好きで、『マジック・ツリーハウス』や『ハリー・ポッター』を読んでいました。ゲームが好きだったので、最初から最後まで、くまなくゲームの攻略本を読んでいた記憶があります。「このポケモンがレベル100になったら、こんなに強くなるんだ！」といったことを調べて楽しんでいました。

で、そのときから感想を何か文字にして書くのが好きだったんです。**自分の好きな小説がドラマ化するとなったときに、原作小説とドラマの相違点をまとめて原稿用紙に一生懸命書いていた覚えがあります。**

今考えると、文章を書くのが好きだったんだと思います。だから国語の長文読解は、「文章が読めれば書ける」感じでした。

「『なれま線』を超えろ!」という言葉で目が覚めた

あれは、高校1年生から2年生に上がるタイミングでした。先生に呼び出されて、僕はこんなふうに言われました。

「**お前は、このままでいいのか?** お前はすごく中途半端で、何かを成し遂げようとか、こんなことをやってみようとか、自分で何かをやってやろうという気概が全くなく、このまま生きていくのか?」

と。これに対する僕の回答はとてもシンプルで、「いいんじゃないですか?」でした。努力して頑張ったって、報われるかどうかはわかりません。うまくいかないかもしれないのに、頑張ったって、馬鹿みたいだと思っていたからです。「だから僕の人生はこれでいいんです」と。**しかしそのとき、先生は僕を強く叱ったのです。「それは違う」と。**

そのときに先生がしてくれた話を、僕は今でもよく覚えています。

「お前は、自分ができない奴だと思っているだろう。自分にできることなんて何もないと思っているだろう。**人間は誰でも、実は1本の線で囲まれている。取り囲むように、ある1本の線がお前の周りに存在している。なんという名前の線だかわかるか？　それは、『なれま線』という線だ。**

幼稚園のころ、お前はいろんなものになりたかったはずだ。なれると信じていたはずだ。サッカー選手になれると思っていた。プロ野球選手になれると思っていた。宇宙飛行士にもなれると思っていたし、会社の社長にもなれると思っていた。

でも、小学校、中学校に上がって、どんどん『なれないもの』が増えてきた。サッカーがもっと上手い子はいるからサッカー選手にはなれない。頭が悪いから宇宙飛行士にはなれない。野球選手にも、会社の社長にもなれない。そうやって、『なれないもの』がたくさん出てきた。

『なれないもの』が出てくると、本当はそんなものはなかったはずなのに、『線』ができてくる。

ずっと遠くにあって、そんなものはないと思っていたはずなのに、**大人になるにつれて『なれま線』が作られてくる。**その線は、人1人を取り囲み、そして人間は、その線を飛び越えて何かをしようとすることはできなくなる。

『ここまで』という線を決めて、「ここまではいけるけれど、ここから先には行けない」

と考える。線の中でしか行動せず、『自分にできる範囲はこれくらいだ』と自分の領分を自分で決める。西岡。お前は、その線がめちゃくちゃ近くにある人間だ。線が近くにありすぎて、一歩も動けなくなっている人間だ。だから、何にもなれないと思っているし、変われないと思っている。

でもな、その線は幻想なんだよ。本当は、人間はなんでもできるし、どこにだって行ける。『できない』と考えている、その心がブレーキになっているだけなんだよ。

だからお前は、何かめちゃくちゃ高い目標を持って、その線を超えるために、頑張ってみたらどうだ？」

と。そう言われて僕は、なぜか妙に納得してしまったんですよね。

「そうか、自分は知らず知らずのうちに、自分で線を決めていたのか」と。

「頑張ったら、その縁を超えられるかもしれないのか」と。

で、今思うと馬鹿丸出しなのですが、先生に聞いたのです。

「じゃあ、僕は、何をしたらいいですか？」

と。すると返ってきたのが、「東大に行け」という言葉でした。

「音楽もスポーツも、才能が必要だ。勉強も、才能がある人間とそうでない人間の差はあるが、それを努力で凌駕できる。**頑張ったら頑張っただけ結果が出てくるのが、勉強なんだ。だからお前は、勉強を頑張れ。東大を目指してがむしゃらに頑張ってみて、その線を超えろ**」と。

怒らない母から学んだこと

今の僕をつくってくれたのは、母親の態度だったなと思っています。

中学2年生のときに、三者面談があったのですが、先生から、これでもかというくらい怒られました。「成績は絶望的な状況です。このままでは本当に、まずいですよ」と。

そのとき、母はただじっと、先生の話を聞いていました。先生が何時間も怒っていても、ずっと黙りこくっていて。先生と一緒に僕に「あんた、先生からこんなに言われているんだから、勉強しないとまずいわよ！」などと言うことは、一切なかった。

で、その三者面談の帰り道のこと。僕なりにすごく落ち込んで、「これはきっと、家に帰ってから、めちゃくちゃ怒られるに決まっている」と戦々恐々としていたんですが、そんな僕に母はこう言ったのです。

「晩ご飯はどうしようか？」と。**「え、怒らないの？」と母に聞くと、母は「だって怒ら**

れていたのはあんたじゃない。私には関係ないし」と言って、それ以上、三者面談の話をしなかったのでした。

そのとき、僕は思ったのです。**「ああ、そうか。たしかに先生は母親に怒っていたわけじゃない、僕に怒っていたんだ。悪いのは僕で、怒られるべきは僕だ」と。**

もし1ミリでも母親が僕のことを「なんであんた勉強しないの！」と言ったら、僕は自分の責任だと思わなかったでしょう。僕は天邪鬼なガキだったので、先生が母親に対して「なんでお宅のお子さんに勉強させないんだ」と言っていたのであって、怒られていたのは僕じゃなくて母親なんだと思っていたかもしれません。

でも、母親は僕のことをまったく怒らなかったのです。

怒られたのも僕で、その原因をつくったのも僕で、それを改善する必要があるのも僕なんだと、暗に示してくれたのです。

「これからの人生は、僕は僕の責任で、生きていかなきゃならないんだ」

このとき、僕はそう考えて、一つ大人になったのだと思います。

やっぱり、自分の人生は自分のものであり、責任は自分で負わなければならないと、ぜひお子さんに教えてあげてほしいと思います。それも、言葉ではなく、態度で。

3

「前向き」になれる働きかけを！

やる気を引き出す「接し方」

どうしたら自分から勉強するようになるのかしら…
うーん
注意しないとやらないようでは困るし　やらされる意識も持たせたくないわ
お母さんがやれっていうから勉強しよ〜〜っと
とにかく勉強を嫌いにさせたらいけないわね
ふむ。

勉強をゲーム化

問題です！「日本で一番○○○が××」なのは何県でしょうか？
ハイ！
ニャンダッケ…
クイズ大会

勉強をしていなくても怒らない

些細なことでもポイントを見つけてほめる

つまずいたときは一緒に考える

「やる気」を引き出すコツがある！

本章では、「子どもへの接し方」について紹介します。「はじめに」でもお話ししましたが、多くの場合、東大生の親は子どもの自発性を促すような言葉がけをしています。

子どもが勉強しないとき、「勉強しなさい！」「なんで、成績が悪いの！」と叱るのではなく、**「なんで勉強しないの？」「やるべきことはやったの？」と問いかけます。**

2章で紹介した布施川天馬さん（78ページ）、西岡壱誠さん（84ページ）の例からもわかるように追い詰めすぎると、聞く耳をもたなくなってしまい良い結果を生みません。

実際に、西岡さんは親から口を出されなくなってから初めて、「どうすれば成績が上がるのか」を真剣に考え始めました。

勉強する環境を整え、子どもが勉強に向かう姿勢ができてきたら、いったん身を引き、

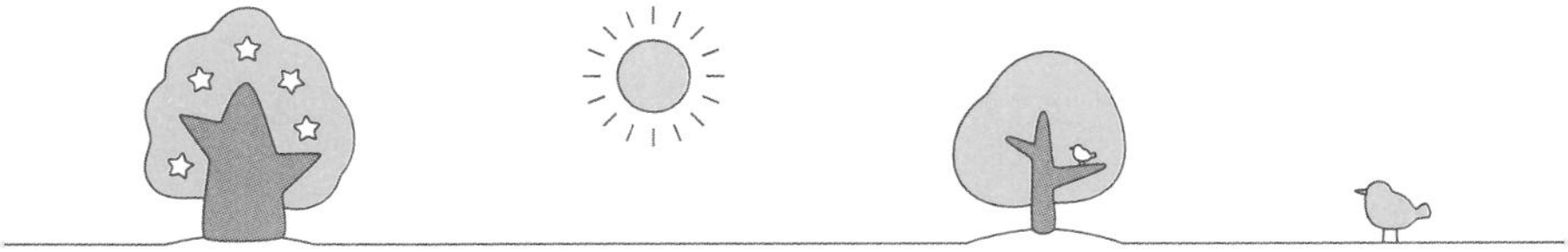

接し方のポイントは？

「勉強って楽しい！」と思える機会を作る

例
クイズ大会をして用語を覚える

頑張りを認めてあげる

例
1日1回、子どもをほめる

勉強していなくても怒らない

例
「勉強しなくても、大丈夫な日なの？」と聞く

子どもに勉強してほしいときは学ぶ姿を見せる

例
親が読書するなど、学ぶ姿勢を見せる

ある程度任せる。こうした接し方が、さらなる自発性を引き出すのではないでしょうか。

実際、勉強をやらされる状態から自分でやる状態へと変わることで、小学生時代の成績が伸びるだけでなく、中学生以降も学力が伸びた東大生は数多くいました。親が口出しできない中学生以降、子どもが自主的に学び、伸びていけるかどうかは、「親の態度」にかかっています。

そこで本章では、親御さんができる「接し方・声かけのコツ」について、東大生の本音を交えながら紹介していきます。

1

「勉強って楽しい！」と思える機会をつくろう

子どもに「勉強しなさい」とガミガミ言いたくないですよね。でも言わないと勉強しないし、宿題すらやっていない……なんてお悩みと毎日のように向き合っているのではないでしょうか。そんなときは、どうすればいいのでしょうか？

悩み

子どもが、イヤイヤ勉強している

こんな解決策

「ゲームだと思えば楽しいよ！」を貫く

ボクらには、コレが効いた！

「勉強しなさい！」と言わなくても良い方法とは？

東大生にアンケートを取った結果、「勉強しなさい！」と親に言われずに育っている人が多いことがわかっています。

おそらく、東大生の家庭では、「勉強しなさい」と言わなくても子どもが勉強できるようなルールを作っていたのだと思われます。

東大カルペ・ディエム内でも、勉強をゲーム化していた家庭が複数ありました。その一つがゲーム大会です。

例えば、「家族でクイズ大会を実施して、楽しく暗記する」のはどうでしょう。

勉強にゲーム性を取り入れ、「楽しい！」と思える機会をつくることで、「やらされる勉強」ではない学びを体験することができます。

小学生時代に大切なのは、「勉強はやらされるものである」という意識を払拭することです。

「勉強したくない」のは、「楽しくない」と思っているからです。だからこそ、「勉強って楽しい！」と思えるようなきっかけを与えてあげることをお勧めします。

クイズ大会、ポイント制の導入で、楽しんで取り組む

そもそも、「勉強しなさい！」と親に言われてやるクセがつくと、ある問題が浮上します。

その問題とは、「勉強しなさい」と言わないと勉強しない子になってしまう、というものです。

どんなに中学受験で成功した家庭でも、子どもが勉強を「やらされるものである」という認識でいると、中学以降、全然勉強しなくなってしまいます。

それは勉強が「やらされるもの」という認識のままになっているからではないでしょうか。

では、具体的にどうすればいいのでしょうか？

東大生へのアンケート結果から、「親子でクイズ大会をしていた」と答えた人が複数いることがわかっています。**この結果から親御さんが、お子さんの勉強を楽しくしようという意識をもって接していたことが伺われます。**

例えば、クイズ形式にして、クリアしたらお菓子をプレゼント、なんてゲームにするのもいいですね。ピンポンブザーを買って、わかったらボタンを押すようにしてもいいでしょう。

もう1つお勧めしたいのは、「ポイント制」の導入です。お子さんが1時間勉強したら1ポイント、プリントを終わらせたら2ポイント、というようにポイントを決め、「5ポイント取ったら2時間ゲームしていいよ」「15ポイントで1000円分のお小

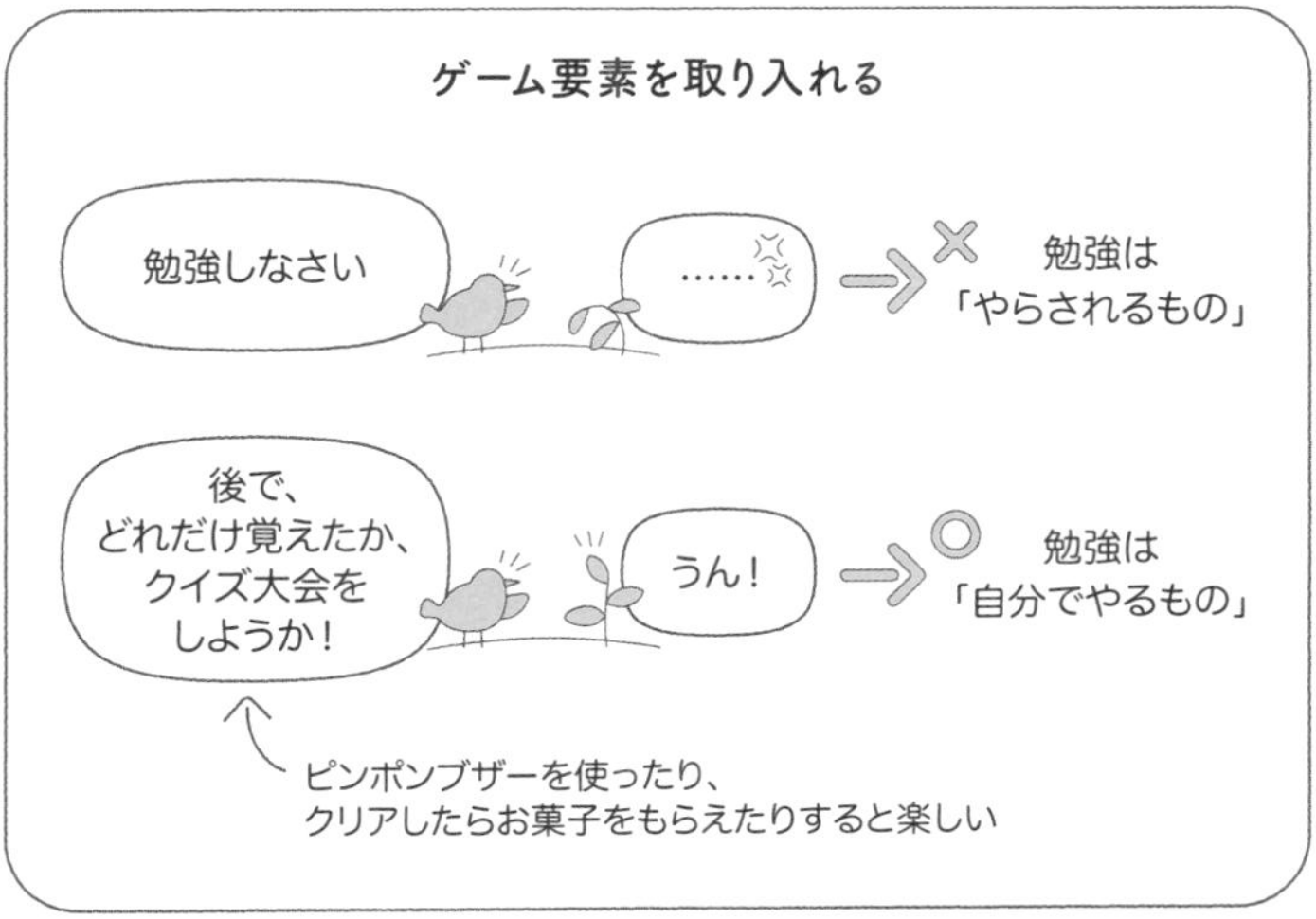

ゲーム要素を取り入れる
勉強しなさい
……
×
勉強は「やらされるもの」
後で、どれだけ覚えたか、クイズ大会をしようか！
うん！
○
勉強は「自分でやるもの」
ピンポンブザーを使ったり、クリアしたらお菓子をもらえたりすると楽しい

遣いをあげるよ」というようなゲームを設定してみます。
東大生の中には牛乳パックの紙でこのポイントを作ってもらい、嬉しくてためていたという人や、今でもいくつか残っていると答えた人もいました。勉強のゲーム化は子どもにとって非常に楽しいもので、長続きしやすいといえます。

勉強をゲーム化したり、ご褒美やお小遣いをもらえたりする仕組みをつくることで、「受け身の態度から、積極的に取り組むように変わっていった」と話す東大生が多数いました。

キッカケづくりが勉強への意欲に結びついているといえます。

- 「勉強はやらされるもの」という意識を払拭していく
- 「勉強が楽しい！」と思うキッカケをつくる

東大生の声

母親がクイズの出題者、父親と私が回答者になって、**楽しく答えているうちに、自然と用語を暗記できた。**

毎回、勉強する度に**お菓子を食べられるのが楽しくて頑張れた。**

公文に行くと一回あたり50円もらえた。教材のレベルが1つ上がるごとに10円ずつ増えていくのがモチベーションになった。

この褒め方で「自己効力感」が増す

子どもって、簡単にやる気をなくすことがありますよね。「やる!」と言った次の日にはもう「飽きた!」と言ったりして……。やる気を持続させるためには、どうすればいいのでしょうか?

悩み

些細なことで、やる気をなくします

こんな解決策

1日1回、子どもを褒める

ボクらには、コレが効いた！

頑張りを認めてもらえると、嬉しくて頑張れる

「子どもを褒める」というのが1つのポイントです。下の棒グラフを見ていただくとわかるのですが、**小学生のときの勉強のご褒美は「言葉で褒めてもらう」が56％で最多でした。**

東大生への取材でも、ちょっとした頑張りを認めて褒めてもらえることで、「頑張ろう！」という思いが持てたと答える人が多く見られました。

テストの点数といった目に見えるものだけでなく、2の階乗を暗唱したり電車の停まる駅を覚えたことなど、日常のちょっとしたこ

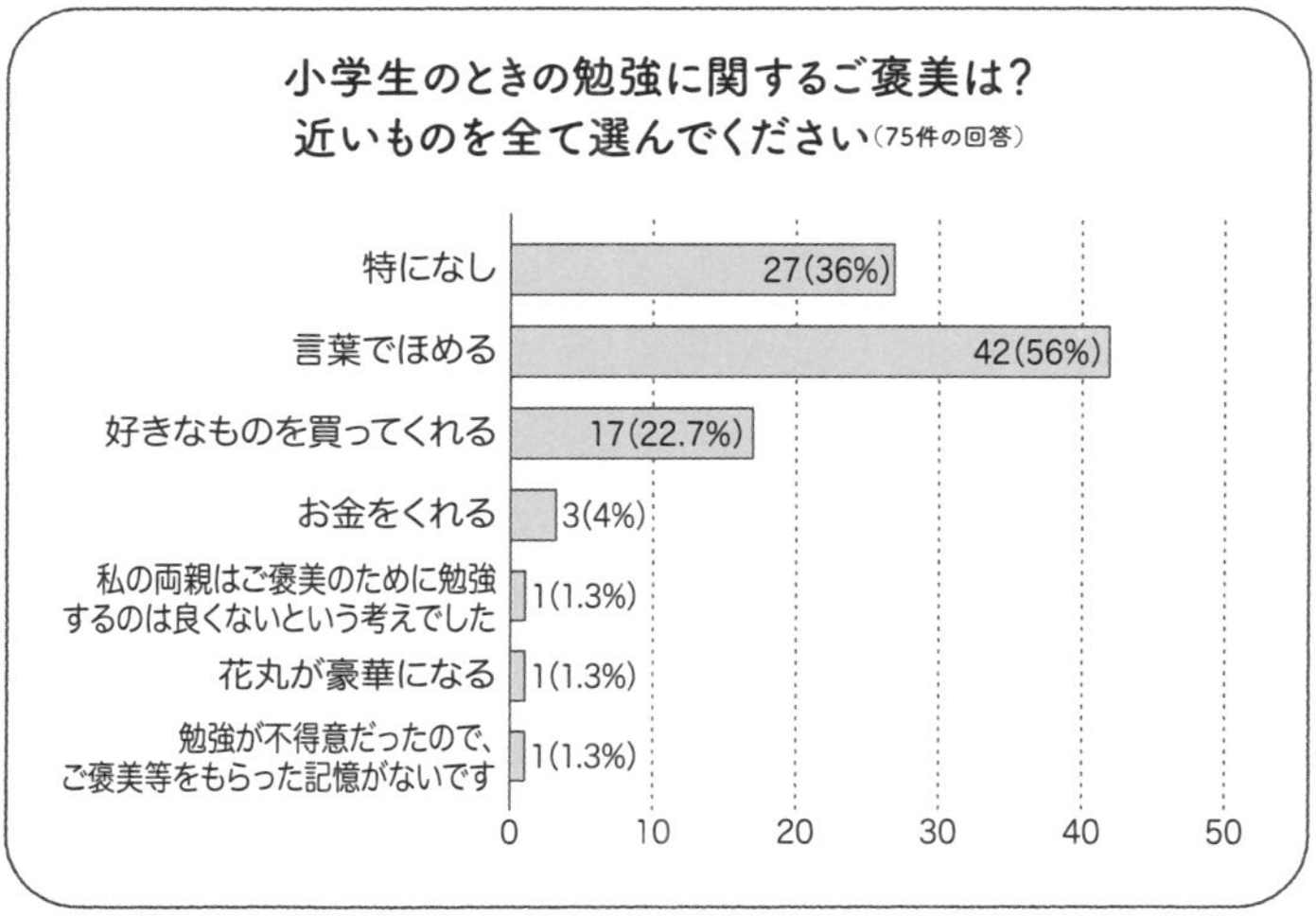

とても褒められたことを覚えている東大生も多いようでした。
私たちもそうでしたが、小学生の間は「親が喜んでくれるから、勉強を頑張ろう」と思うものです。**まずは、勉強をすることは喜ばしいことだとお子さんに「刷り込む」ことから始めて、勉強への抵抗感を軽減するのはいかがでしょうか。**

どうして効いたのか？

自己効力感が育まれ、粘り強くなる

東大に合格する人というのは、「自分ならできる」「きっとうまくいく」と思

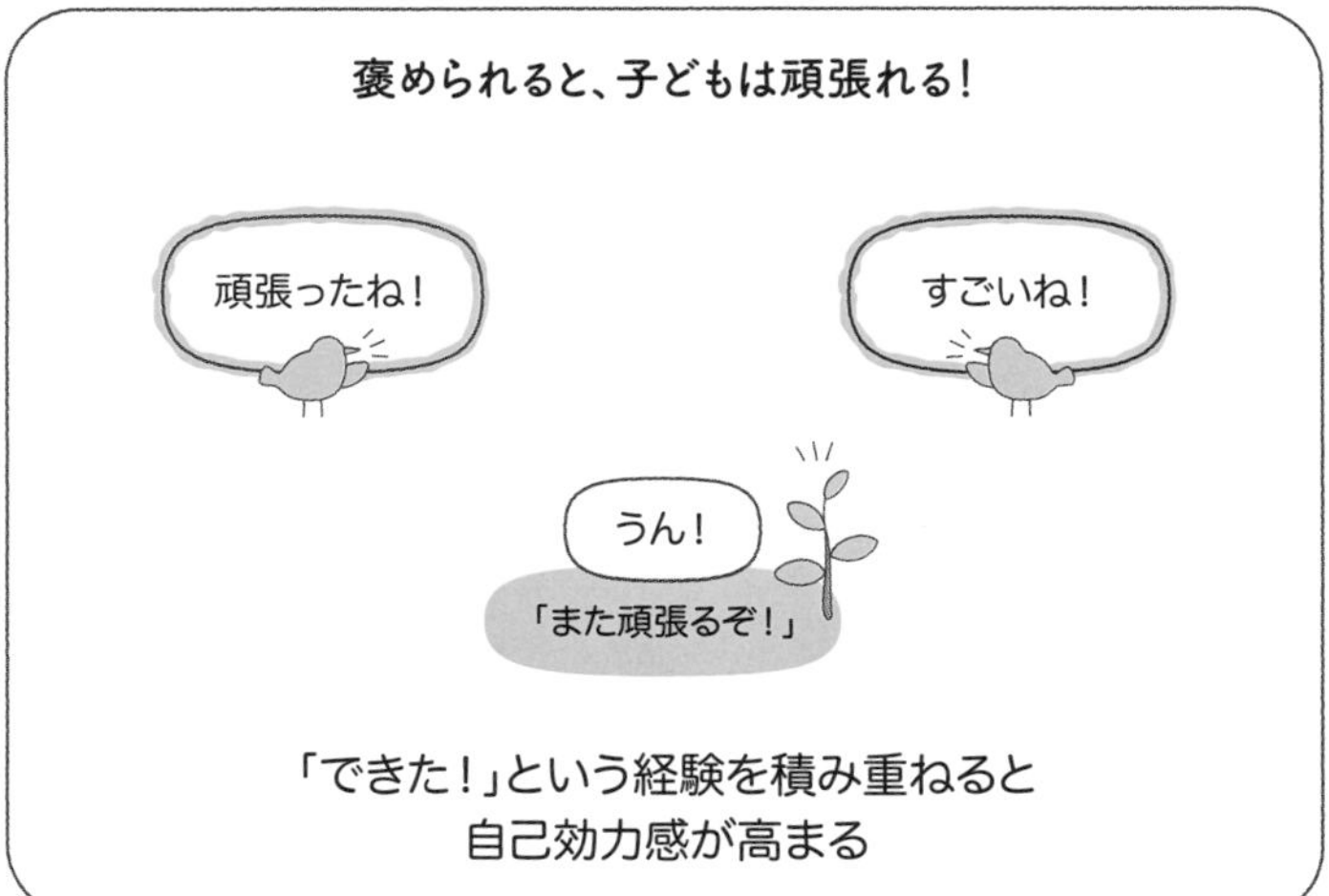
褒められると、子どもは頑張れる！
頑張ったね！
すごいね！
うん！
「また頑張るぞ！」
「できた！」という経験を積み重ねると
自己効力感が高まる

える**「自己効力感」がある人が多いと思います。**

例えば受験の途中、模試の成績が良くなくてE判定を取ってしまったとしても、「きっと次は大丈夫なはずだ」と受験勉強を続けられる精神力がないと東大には合格できません。試験当日に問題が解けず、不利な状況に追い込まれても、「何か打開策があるはずだ」と粘り強く考えるためには、「自己効力感」が必要なのです。

子どものときから、どんなに些細なことでもいいので「できた！」という経験を積み重ねてきた人は有利です。その体験が、「次もきっとできるはずだ」という自信に繋がっていくからです。

- **些細なことでも褒めるポイントを見つける**
- **「自分で何かを成し遂げること」に対する成功体験を育てる**

東大生の声

祖父母がよく褒めてくれた。**ちょっとしたことができただけでも褒めてくれた。**幼稚園の時に2の階乗を覚えていたら褒めてくれたから、もっとやろうと思えた。

宿題をリビングでやったり、テストを見せたりしたときに**必ず褒めてくれ、それが勉強のモチベーションになっていた。**

算数のテストで100点を取ると、**母親が「1番はすごい!」ととても褒めてくれたときに、勉強を頑張ろうと思えた。**

ピアノが上達すると、親がとても褒めてくれたり喜んでくれたりした。**それが練習のモチベーションにつながった。**

電車の車種ごとに停まる駅を覚えて披露していたのを、とても褒められたのを今でも覚えている。それが今にどのように繋がっているかどうかはわからないが、褒められた経験として今も覚えている、という事実が良いことだと思う。

東大生の声

3

勉強していなくても、責めずに聞く

「勉強しなさい」と子どもに言ったら、反発されたという経験はありませんか？　テスト前に勉強しないで遊んでばかりいるため注意したら、「今やろうと思ってたのに！」とふてくされて勉強しなくなった……。こんな状況を避けるには、どうすればいいのでしょうか？

悩み

注意すると、ふてくされる

こんな解決策

「勉強しなくても、大丈夫な日なの？」と聞く

ボクらには、コレが効いた！

子どもなりの理由や勝算がある

まずは下のデータをご覧ください。このように、「勉強しなさい」と言われた東大生は比較的少ない一方、勉強に関して言及されることは日常的にあった（毎日〜週1回以上）という東大生が50・6％でした。

親の声がけの内容は、**「勉強、大丈夫？」**という形で声をかけられた経験がある東大生が一定数いました。

勉強していない姿を見て、その理由や事情などを聞かずに頭ごなしに勉強を促すのではなく、**「勉強しない理由」を聞いてしっかり理解しようとしているわけです。**

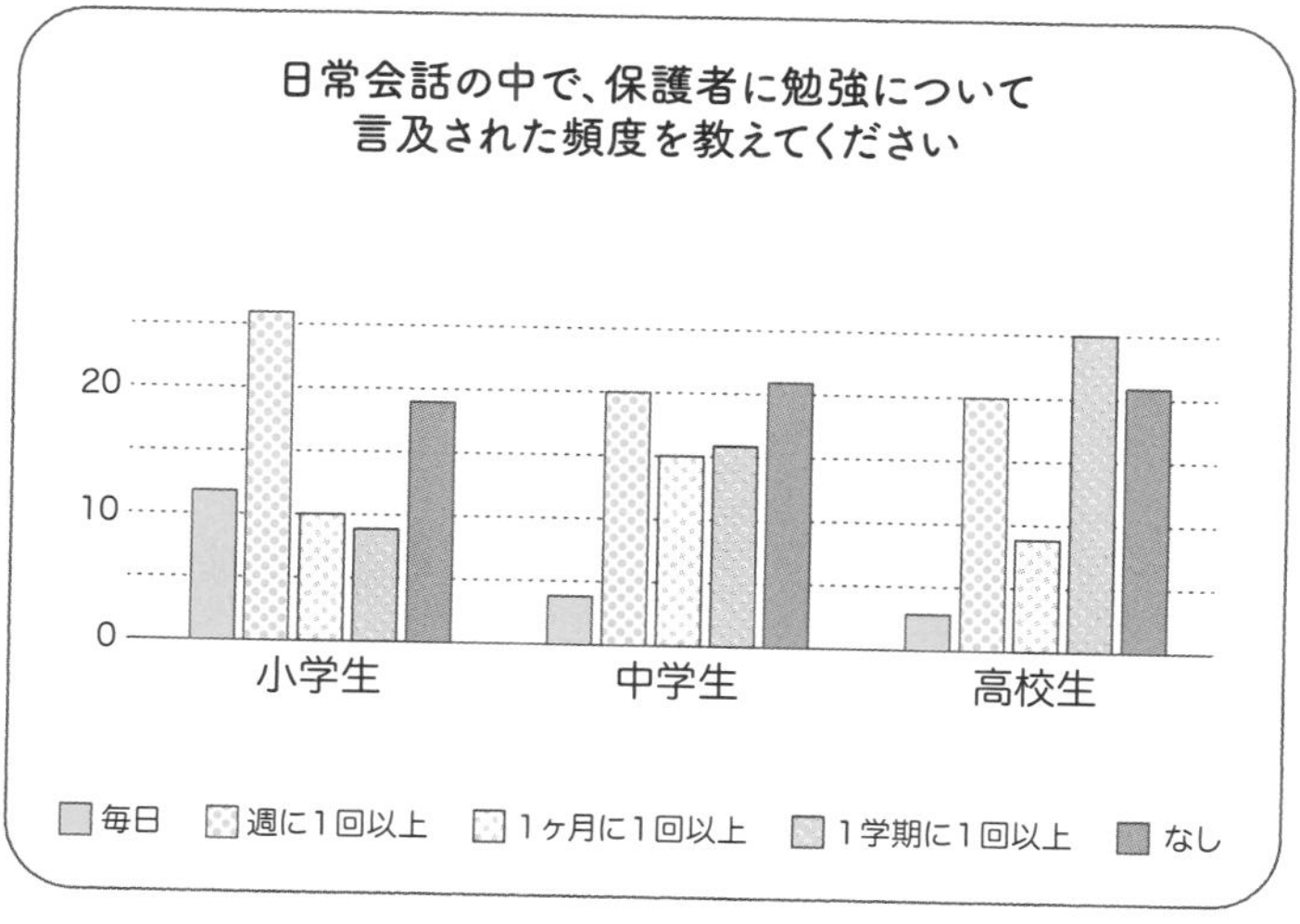

例えば、「日々勉強を繰り返しているから、テスト前に慌てて勉強する必要はない」という場合や「得意分野なので、復習をサッとすれば大丈夫」という場合だってあります。**勉強していないように見えても、子どもの中では何らかの考えがあってのことで、サボって勉強を放棄しているとは限りません。**

くれぐれも「勉強してないでしょ！」と決めつけるのは避けてほしいです。

どうして効いたのか？

普通の会話をするように聞き、責めないことが大事

子どもが勉強していない姿を見たときは、「叱るようにではなく、日常会話として聞く」これをお勧めします。イライラした気持ちを出さずに普通に聞くのは難しいですが、非常に重要なポイントです。

例えば、子どもが家に帰ってきたとき「手は洗った？」と確認しますよね？

このとき「洗ってないでしょ！」と叱りたいわけではなく、「洗わないと不潔だし、風

邪を引いたりするかもしれないよ」と心配して聞くわけですよね。

それと**同じくらいのテンションで、「今日は勉強しなくても大丈夫な日なの？」と聞いてみてください。**こういう声かけをすることで、子どもも責められているとは感じないため、やる気をなくさずにすむのです。

親からすれば普通に心配しているだけなのに、子どもは勉強の話をされただけで「お叱り」だと感じることがあります。特に日頃から、叱るクセがある親御さんはデリケートになっているお子さんの気持ちを考えて、会話をしてあげてほしいです。

- **叱るのではなく、子どもの「考え」を聞く**
- **「勉強しなさい」と言われてきた東大生は少ない**

東大生の声

「勉強しなさい」とは、たぶん言われたことがないと思います。中学生のとき、定期テスト直前なのに全然勉強していない様子を見て、「大丈夫？」と聞かれましたが、それ以外はありませんでした。

「勉強しなくていいの？」と聞かれた。**正当な理由があればそれ以上は追及してこなかった。**

親は勉強を強制するような態度はとらず、むしろ自ら読書をするなど、**子どもに勉強している姿勢を見せていたよう**な気がする。

苦手科目があったら、こうする

子どもが勉強でつまずいているとき、どう助けてあげればいいのでしょうか？　ただ答えを教えるだけでいいのでしょうか？

悩み

勉強につまずいているとき、どうフォローすればいい？

こんな解決策

苦手科目は、「対処法の道筋」を示してあげる

ボクらには、コレが効いた！

答えを見ずに、まずは一緒に考える

私たちが、一番嬉しかったのは、「一緒に解いてみよう！」「一緒に考えてみよう！」という働きかけをしてくれたことです。例えば特定の問題でつまずいているときは、一緒にその問題を考えてほしいんです。

「どの問題？　これか。どうやって解くんだろうね？　一緒に考えてみよう！」という感じです。

一方、やってほしくないことは、親が答えを見て、「こういうふうにやるみたいよ」と言うことです。

答えがわかっている状態で「こう解くのよ」と言われても、「いや、そもそもなんでその発想ができるのかで悩んでいるのに……」と思ってしまいます。

一緒に苦しんでくれることが重要なのです。

もし、それで問題が解けずに「どうやって解くのかわからない！」となったとしても、それはそれでかまいません。むしろ、「やっぱりこの問題は難しいよね。自分だけじゃないよね」「これは難しいから先生に聞いてみようか！」と一緒に盛り上がることができるからです。

モチベーションを維持してあげよう

苦手な科目や偏差値が上がらないときなどはプレッシャーなども加わり、より一層モチベーションが下がっていきます。

しかし、そんなときこそ親御さんも一緒に悩んであげることで、一緒に頑張っている、という感覚をもつことができます。

また、苦手科目との向き合い方がわからないときも同じです。

「お母さんも算数苦手だったな。どうやったらいいんだろうね。先生に一緒に聞きに行こうか」と一緒になって考える、というスタンスを崩さない方がいいのです。

親のフォローの仕方については、東大生の中でも様々な意見が出ました。

・勉強を教えてくれる訳ではないにしろ一緒に苦闘してくれた

・朝の忙しい時間に、苦手科目を一緒に解く時間を確保してくれた
・小学校低学年の間は付きっきりで算数を教えてくれた

共通しているのは、どの親御さんも「子どもに寄り添っていたこと」です。


苦手科目に取り組むのは想像以上にストレスが溜まり不安に苛まれます。そんなときに一緒に居てくれることが、何より安心感につながり、頑張ろうと思えます！

ぜひ、「算数は苦手だから」と尻込みせずに、お子さんと一緒に考えてあげてほしいです。

その姿勢が、間違いなくお子さんに頑張る勇気を与えます。

・親も一緒に取り組む姿勢を見せる
・一緒に解決策を探っていく

東大生の声

両親は勉強が得意なわけではないので、解説をしてくれることはあまりなかったが、**苦手科目に取り組んでいるときは夜遅くても一緒に起きて応援してくれ、一緒に考えようとしてくれた。**

中学受験のとき、**毎朝1問ずつ苦手科目の過去問をコピーしてくれて一緒に解いた。**解答を覚えるぐらいまで解いたことで苦手を解消することができた。

東大生の声

小学校入学前から算数が苦手なことはわかっていたので、**学校教材以外のものを用意して家で一緒にやってくれた。**意味わからない…とキレる私によく付き合ってくれたと思って感謝しています。

塾に通わせる選択肢もあった中で家庭で勉強する方法で向き合ってくれたことは、今考えるとかなりありがたいです。

塾に行って塾の教材を使って勉強することはその後の人生でもやることですが、**小学校低学年の時期に塾ではなく家庭で自学をするというのは経験しておいてよかったなと思っています。**

5

「勉強って役立つの？」と聞かれたら？

もし子どもから「勉強しても、将来の役には立たない！　だから勉強しない！」と言われたらなんと答えますか？　どう答えると子どもは納得するのでしょうか？

悩み

「将来の役には立たない！」と言い張る子ども。なんと言えばいい？

こんな解決策

勉強を「高額のバイト」にたとえてみる

ボクらには、コレが効いた！

勉強が時給いくらの価値があるのか、算出してみる

この質問に正解はありませんが、**一つお勧めするとしたら、「お金」の話をすることです。**

勉強する意義はたくさんあり、得られることは非常に多いですが、結局、子どもにとって一番わかりやすいのは、「お金」です。

例えば、生涯賃金で考えたときに、平均的な年収と東大卒の年収とでどれくらいの差が出ると思いますか？ これはだいたい、１億８０００万円だと言われています。

これを時給換算してみると、中学１年生から高校３年生までに勉強する時間は大体９０００〜１００００時間なので、１億８０００万円÷１００００時間で、勉強の時給はおよそ２万円だと換算できます。

ということで、見方によっては、**勉強は時給2万円の「高額なバイト」なのです。**

ただ残念なことに、バイト代が振り込まれるのは、10年後以降。勉強をしてから、それまでの期間、辛抱しなければならないのが大変なのですね。**「それでも、10年後にはバイト代が入ってくるから、今はそれを信じて、やってみたらいいんじゃない？」と声をかけてみるのはどうでしょうか。**

勉強は「投資」という感覚を持つ

基本的に、勉強とは投資です。「将来、使うかもしれないから」「将来の選択肢を広げることになるから」というのが、勉強の一番の意義だといえます。

若いときの記憶力は優れていて、大人になってから勉強するよりもずっと効率がいいのです。大人になってから覚えるのに苦労することを、子どもはぽんぽん覚えられるわけです。そういう時期を投資に使っている、という感覚があれば、子どもたちは「将来のために」と勉強するのではないでしょうか。

なお、こんな興味深い東大生の意見もありました。それは、「いずれ役に立つ」と言われて勉強を強制されたら、「勉強が嫌になった」というものです。

子ども本人が勉強することのメリットに納得した上で、勉強に取り組めるかが大事なんですね。親御さんの考えを押し付けてしまうと、反発を招いてしまうことを念頭に置いておく必要がありそうです。

まとめ

・「今勉強したほうが、吸収の効率が良い」と伝える
・今の勉強は「高時給のバイト」だと話す

東大生の声

「勉強して行けた場所では、自分の好きなように学べるんだよ」「できる人にいい意味で引っ張られるんだから、そういう場所ではめちゃめちゃ成長できるだろうね〜」「大丈夫、できるよ！」という声かけが勉強するきっかけになった。

「漢字を読めないと日本人として恥ずかしいよ」と言われたことが心に刺さった。

「いずれ役に立つから」「自分のためになるから」という理由で**受験を強制されたとき、勉強するのが嫌になった。**

親からは、「今はやりたいことがなくても、いつかは見つかるときが来るかもしれない。どんな仕事にも勉強は必要で、やりたいことが見つかったときに選択肢を狭めないためにも、今は全部を頑張っておくことが大事なんだよ」と伝えられていた。**納得感はあったし、この考え方がこれから後の勉強のモチベーションになっていた。**この考えで勉強をしていたからこそ、将来の夢が決まっていなくても焦りはなかった。

東大生の声

6

こんな「親の姿」を見ると、進んで勉強するようになる！

小さい子が自分から進んで勉強をすることは、なかなかありませんが、中学生になっても「勉強しなさい！」とは言いたくないですよね。どうすれば自分から勉強する子に育つのでしょうか？

悩み

自分から進んで勉強してほしい

こんな解決策

親が勉強する姿を見せる

ボクらには、コレが効いた！

教科書を一緒に読んで面白がったり、好きな本の話をしたりする

私たちが声を大にして言いたいのは、「親自身が勉強を楽しむ姿を見せてほしい！」ということです。ほんの些細なことでかまいません。

例えば、教科書を一緒に読んで**「へぇ、そういえばそうだったなあ」「あ、こんなことまで小学校で習うんだ！　なるほど、面白いなぁ」なんて一緒に勉強を楽しんでくれたら嬉しいです。**現に、こんなふうに関わってもらった東大生たちは、親に「勉強しなさい」と言われなくても、自然と自分から勉強するようになったと話しています。

「本を読みなさい！」と子どもに言うのではなく、「あ、この本面白かったから、一緒に読まない？」と言われたほうが、「読んでみようかな」という気持ちにもなるんです。

そういう接し方をしていると、今度は子どもの方から、「ねえ、今日学校でこんなこと習ったんだけど、これ面白くない？」「こんなことが本に書いてあったんだけど、びっくりするよね！」と勉強の話をシェアしたくなります。こんなふうに**日常会話で勉強の話が当たり前に出てくるようになれば、子どもは親に言われなくても勉強するようになります。**

子どもは、親の姿勢をまねる

勉強を好きになってほしい、という親御さんは多いと思いますが、みなさんは子どもの頃、「勉強しなさい！」と言われたことはありませんでしたか？

そのとき、やる気になりましたか？

本当は、どんなふうに関わってほしかったですか？

子どもは親の背中を見て育ちますよね。だからこそ、少しでもいいので、子どもが勉強していることに関心を持ってあげてください。また、親御さん自身が楽しめる分野を見つけて、打ち込んでいる姿を見せてあげてください。

すぐできるのは読書をすることではないでしょうか。

読書をしながら子どもと一緒に過ごすだけで「勉強は自発的にするもの、自分のためにやるもの」という意識づけにつながるのではないかと思います。

・子どもが勉強していることに関心を持つ

・親が勉強している姿を子どもに見せる

東大生の声

両親は自分が幼い頃から、よく勉強をしたり、仕事で論文の執筆などをしていた。その姿に感化されて、勉強をするモチベーションになった。

両親が本好きで家に本がたくさんありました。**両親が本を読んだり、書き物をしたりする姿を見て、読書や勉強への抵抗がとても少なくなったと感じています。**

中学受験の勉強をしているときに、**毎朝、親が隣で一緒に勉強してくれたのはモチベーション維持に役立ったと思っています**（今思えばただ本を読んでいただけかもしれませんが）。

4

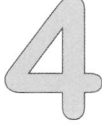

コレで学びが深まる!

習い事を100%「活かすコツ」

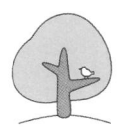

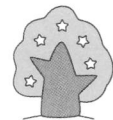

英会話はどうなの？
通って3ヶ月たつけど…
楽しくないし わからない…
えっ そうなの!!
あらー どうして？
楽しいって言ってたのに
オロオロ
せっかくお金払ってるんだし頑張ってよぉぉぉ
難しいし…
行きたくないかも
えっ!!
どうしよう…!!
やめさせる!?
でもまだ3ヶ月で「やめグセ」つかないかしら…
ぐるぐる
ぐるぐる
ぐるぐる
でも ムダに
行かせるのもどうなの？
え…どうしよう!!

郵 便 は が き

（切手をお貼り下さい）

170-0013

（受取人）

東京都豊島区東池袋 3-9-7
東池袋織本ビル 4F
㈱すばる舎 行

この度は、本書をお買い上げいただきまして誠にありがとうございました。お手数ですが、今後の出版の参考のために各項目にご記入のうえ、弊社までご返送ください。

お名前	男・女	才
ご住所		
ご職業	E-mail	
今後、新刊に関する情報、新企画へのアンケート、セミナー等のご案内を郵送またはＥメールでお送りさせていただいてもよろしいでしょうか？ □はい □いいえ		

ご返送いただいた方の中から抽選で毎月３名様に
3,000円分の図書カードをプレゼントさせていただきます。

当選の発表はプレゼントの発送をもって代えさせていただきます。
※ご記入いただいた個人情報はプレゼントの発送以外に利用することはありません。
※本書へのご意見・ご感想に関しては、匿名にて広告等の文面に掲載させていただくことがございます。

◎タイトル：

◎書店名（ネット書店名）：

◎本書へのご意見・ご感想をお聞かせください。

ご協力ありがとうございました。

習い事が続き、身になる方法がある！

せっかく始めたなら、やる気を出して頑張ってほしいし、それなりに成果を出してほしい。親御さんなら誰もがそう思いますよね。

子どものやる気が持続して、習い事を楽しく続ける秘訣はあるのでしょうか？

本章では、東大生たちがどのような習い事に通い、どのように働きかけられることでやる気が持続したのかを紹介します。

肝心なのは、習い事を「始めるとき」と、「習い事があった日」です。このとき、あることをすると、子どものやる気が高まることがわかりました。

もしも、お子さんが習い事に行くのをめんどくさがったり、いまいちトーンダウンしているなと感じたら、ぜひ試してみてください！

1

東大生は、どんな習い事をしていた？

みなさんのご家庭では、お子さんはどんな習い事をしていますか？ 例えば勉強系ですと英会話は人気ですし、運動系では水泳、サッカーもいいでしょう。文化系ではピアノなどの音楽やバレエも人気なようです。でも、全てを習わせることはできないですよね。東大生はどんな習い事をしていたのでしょうか？

悩み

習い事はいくつぐらいするといい？

こんな解決策

いろいろな経験をするために、2つ以上、やってみる

ボクらには、コレが効いた！

勉強系以外の習い事をしている人が多い

東大生が経験した習い事の数は2つや3つといった回答が多く、ともに30％前後でした。また、4つ以上という回答も15％程度いました。習い事をしている人が多い印象ですね。

面白いのは、勉強系以外の習い事もかなり多いということです。学習塾やそろばん・英会話なども多かったのですが、スポーツなども多かったです。「とりあえず最初はいくつか経験させる」という家庭もありました。

総合すると、まずいろんな経験をさせ

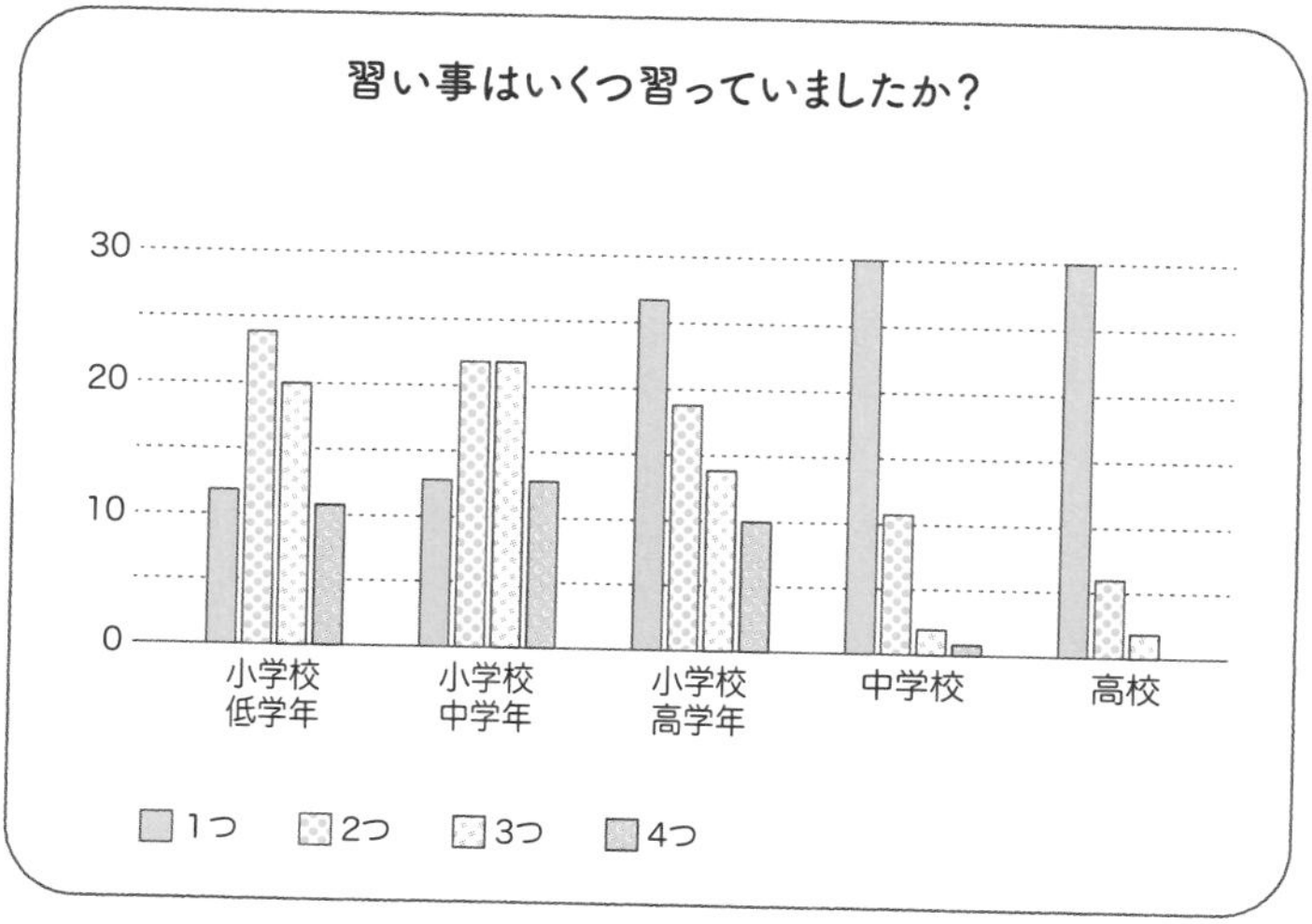

てみてから、1年後に続けるかどうかを聞く、というルールを設けている人が多い傾向がありました。

脳科学的にも効果的

いろいろな習い事を経験することは、様々な効果があります。
例えば運動やピアノといった、直接勉強に関係ないものであっても効果的です。**脳科学的に言うと、「勉強で使わない脳」を使うことで、学習効果が上がる、と考えられています。**
なので、まずはいろんな習い事を経験させてみましょう。

最初は、親主導のスタートでいいと思います。東大生も、63・9%は親から言われてスタートしたと話しています。選択肢を与えられた上での選択であっても、最初は親御さんの「やってみたら？」から始まっていたようです。

その後、1年以上続けたら、子どもに選択権を持ってもらうといいでしょう。

「自分が続けたいから続ける」「自分が辞めたいなら辞める」と意識することで、やる気のないものをだらだら続けることを避けられます。

大事なのは、本人の意志や感情です。とにかくいろいろ経験させましょう。その上で、1年程度はやらせつつ、2年目以降はきちんと自分で選択させる。こうしたルールを持つと、お子さんの自立心が育っていきます。

・最初のうちは、いろいろな習い事を経験させてみる
・1年以上続けた後、「続けるか」「辞めるか」の選択権を持つのは子ども

東大生の声

【ピアノ】

音感が身に付き、いまのサークル活動や趣味に繋がっている。

音楽への苦手意識がなくなった。

コツコツ練習する習慣がついた。

【バレエ】

スポーツ系の習い事はしていなかったため、あまり運動は得意ではないが、バレエのおかげで**基礎体力と体の柔らかさを身につけることができた。**

苦しい中でも笑顔を保つことを覚えることができた。

人前でパフォーマンスをすることが楽しいと思えるようになった。

東大生の声

【そろばん】

集中力がつき、競う楽しさを知ることができた。

計算の練習になった以外にも、**数字に対しての苦手意識がなくなったのは非常に有益だった。**

【英会話】

学校の勉強に役立ったうえ、自分が得意・好きなこと（音読・朗読）を見つけることができた。

【新体操】

バク転やバク宙ができるようになり、特技として使える場面が多いから。

【スポーツ】

父親がペタンクというスポーツをやっていて、それに参加していたことで、**知らない人と喋ることに慣れた。**

年下の子の面倒を見たり何かを教えたりする経験ができた。

2

子どもが「自分で決めた」という演出をする

習い事を始めたけど、最近めんどくさそうにしている……。「高い月謝を払っているのに！」とイライラして子どもを叱っても、やる気にはつながりません。どうすれば真剣に取り組んでくれるのでしょうか？

悩み

どうしたら、やる気を維持できる？

こんな解決策

始めるときに、子ども自身が「申し込み書」に名前を書く

ボクらには、コレが効いた！

「自分で決めた」という思いが、やる気につながる

習い事を始めるときに大事なことは、子どもに「自分で決めた」という思いを持ってもらうことです。**手っ取り早いのは、申し込み用紙を書く際に、子ども本人に名前を書いてもらうことです。**公式の用紙がなければ、親が申し込み用紙を作って書いてもらってもいいでしょう。

どんな習い事であっても、「いつの間にか親が申し込んでいた」という形ではなく、**「自分で紙に書いて、自分で申し込んだんだ」という手続きを踏むとよいのです。**

子どもは「押し付けられた」という感覚でいると、やる気を失っていきます。これを避けるためにも、申し込むプロセスに関わってもらう

習い事を始めた理由はなんでしたか？
（73件の回答）

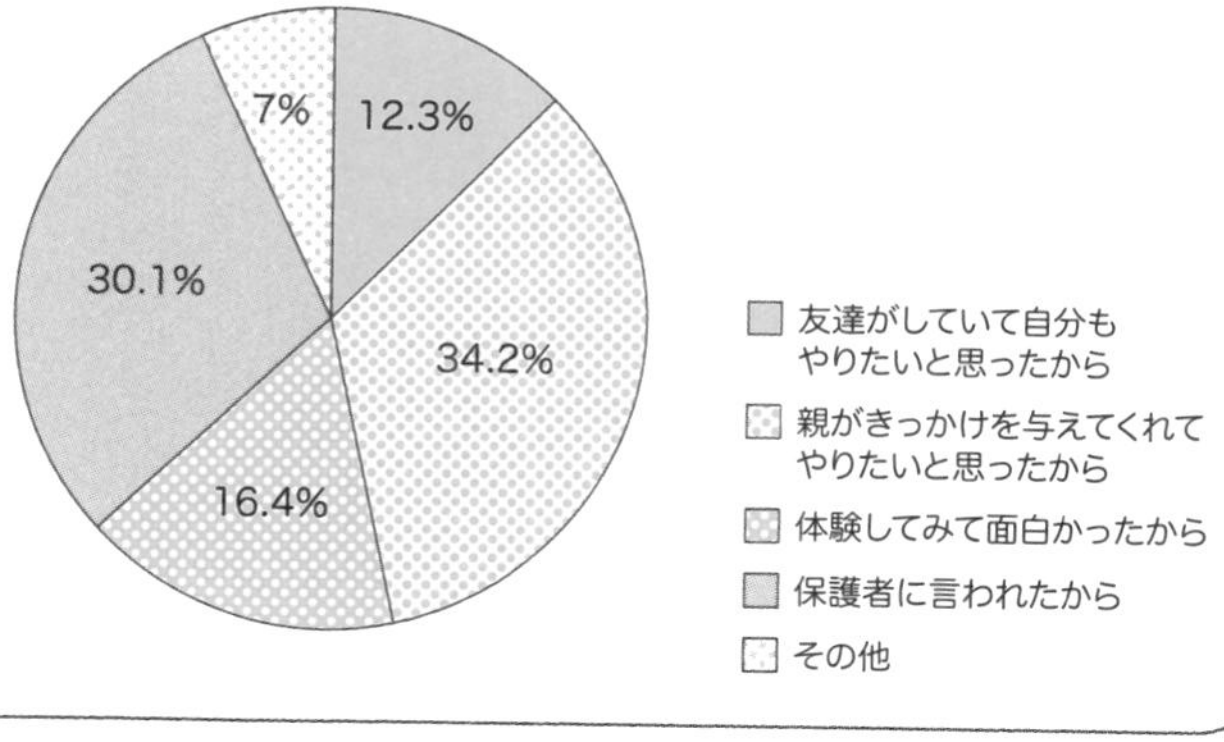

など、何らかの形で巻き込んで、「自分で選んだ」と思えるように導いてあげてほしいです。

どうして効いたのか？

自立に向けたフォローをしよう

子どもは、自分が「やりたい」と1ミリでも思って始めたものは頑張れるものです。

ですから、子どもが「習い事に行きたくない」と言ったときに、「なんで行かないの！」と叱る代わりに、**「なんで、自分が決めたことなのに、やらないの？」と尋ねてみてください。**「あ、自分で行こうと決めたんだった」と思い出すことができます。

「親」が主語か、「子ども自身」が主語か、というのは重要な分岐点です。

親が主語なら、子どもは「行かされている」立場になります。一方、「子ども自身」が主語なら、子どもは「自分が行きたいと行ったのに、サボろうとしている」ということになります。**親に「自分で選んだんでしょ？」と聞かれたとき、「うーん、じゃあやっぱり行く！」と考えて選ぶ時間ができます。子どもに決定権を渡して、選んでもらいましょう。**

それで「行かない」と決めたのであれば、叱らずにその選択を支持してあげてください。

でも、「やる！」と決めたのであれば、できるかぎりサポートしてあげてください。きっと、最高の力を発揮して頑張るはずです！

まとめ

・「自分の意志で始めた」という意識を持てるようにする
・申込用紙がないのであれば、親が申込用紙を作って書いてもらう

東大生の声

水泳を習っていた。辞めたいと思ったときは、「バタフライ以外の3泳法の習得」という**当初の目標を達成するまでは辞めないよう、自分に言い聞かせた。**

英会話の学校は文法ばかりでつまらなくて辞めたかった。**でも英語を習うと決めたのは自分だったので、学校を変えて勉強を続けることにした。**

ピアノを習っていた当時は練習が嫌だったが続けた。今は気軽に音楽を楽しむことができるようになったので感謝している。

3

最初の1ヶ月間、コレをすると効果的！

習い事をどのぐらい真剣に取り組んでいるのかを探るのは、難しいですよね。「一生懸命にやった？」「宿題はないの？」「どんなことをやったの？」なんて根掘り葉掘り聞くと、「うるさいよ！」と言われてしまうかもしれません。だからといって、何も聞かない、というのも放置しすぎですよね。介入するときは、どのような点に気をつければいいのでしょうか？

悩み

習い事を楽しく続けるコツは？

こんな解決策

「今日は、どんなことをしたの？」と聞く

ボクらには、コレが効いた！

最初の1ヶ月間を大事にする

初めの1ヶ月間は、毎回習い事の終わりに「今日は何をしたの？」と聞いてみてください。

例えば家に帰るまでの間に、「今日はどんなことをしたの？」と優しく聞くわけです。あるいは、**家に帰ってきてから食卓で、「今日の習い事を発表する時間」をつくってあげるのもいいでしょう。**

ただし、ずっとこれをしていると、少々重く感じることもあると思いますので、「最初の1ヶ月間」というルールを設けておきましょう。

「習い事が面白くて続けたい」と思った時期は「最初の1ヶ月以内だった」と答

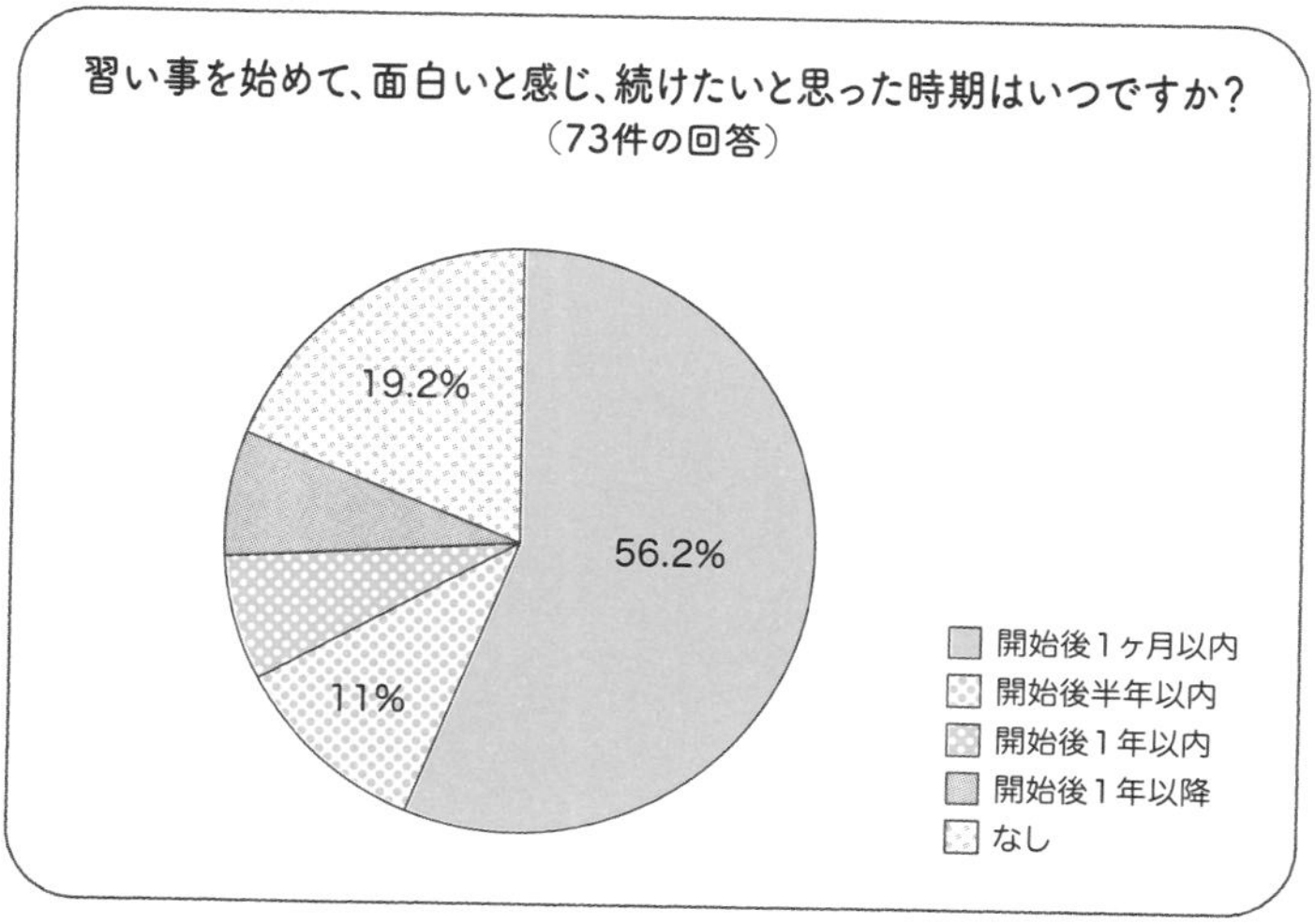

える東大生が過半数を占めていました。

つまり、始めた直後にどう接するかが肝心です。だからこそ、最初の1ヶ月間を大事にして、習い事であったことを聞いてみましょう。

親から「今日、何したの？」とよく聞かれたと答える東大生が多くいました。言語化して振り返ることで次が楽しみになったり、頭が整理されて勉強になった、と言います。「説明」を前提にするのは効果的だと言えそうですね。

話を聞くタイミングはまちまちで、送迎の車の中でという人もいれば、家に帰ってから、食卓で、お風呂の中で、と話す人もいました。みなさん一様に、「説明の時間」をしっかりと設けていた場合が多いというのは面白い点です。**突発的に聞くのではなく、「このタイミングで聞くよ！」と明確に設定することで、毎回の習慣にしていたようです。**

どうして効いたのか？

アプトプットの習慣で、インプットの質が良くなる

親や兄弟に、習い事での過ごし方を説明するというのは、「アウトプット」として機能

します。知識を頭に入れるのがインプットであるのに対して、それを発信するのがアウトプットです。このアウトプットがないと、知識が整理されない、というのは教育学の分野ではよく指摘されることです。

また、**アウトプットを意識することは、「インプットの質を良くする」という効果も持っています。**例えば子どもに、親御さんが「今日習ったこと、家で教えてね！」と言っておいたとします。このとき、お子さんは授業を普段より前のめり気味に聞くことでしょう。なぜなら、「授業の内容を、あとで話せるようにしておかないと」と思うからです。

これは、アウトプットを前提としてインプットすることによって、インプットの質が高くなる、という現象です。**「あとで自分が説明するときがくる！」「この知識を活用するタイミングが後からくるんだ！」という意識の中で話を聞くと、より良く人の話を聞き、活かせる形で情報を摂取することができるというわけです。**

こういうことが発生するようになると、子どもは自分の習い事の効果を実感し、頭を整理することができ、楽しく感じるようになるのではないでしょうか。

まとめ

・アウトプットの機会があると、インプットの質が高まる
・習い事が続くかどうかは、最初の1ヶ月での接し方が重要！

東大生の声

送迎の車の中で「今日はどんなことをしたのか」を報告することになっていた。最初は義務感があって嫌だったが、自分の言葉で説明できるのが楽しくなってからは**「どうやったら伝わりやすいか」「楽しく聞いてもらえるか」を意識して話していたと思う。**

「今日、あったこと」を言語化して振り返ることで、次回が楽しみになった。

公文に通っていたが、定期的にどのレベルの教材まで進んだかを聞いてくれて、**モチベーションに繋がった。**

英語を習うメリットを実感する機会をつくろう

英語の塾は、ネイティブの発音を聞けたり、英語力が高まったりするなど、いろんな利点がありますよね。でも、難度が上がるにつれて、興味を持てなくなるお子さんも出てくるようです。どうすれば、モチベーションを上げられるのでしょうか？

悩み

英語の塾に通っているが、やる気を感じられない

こんな解決策

英検にチャレンジしてみる

ボクらには、コレが効いた！

目に見える成果が、やる気につながる

英語の塾に通っているけど、やる気をなくしつつある。

そんなときには、英検にチャレンジしてみましょう！　あるいは、何らかのスピーチコンテストに出場するといった目標でもＯＫです。

大事なのは、目に見える成果が得られるようなチャレンジをしてみること。

なぜなら、**成果が目に見えることでモチベーションが上がるからです。**

実際、アンケートによると、「英語を習っていたとき、積極的に英検を受けさせてくれたことで、成果が目に見えてモチベーションになっていた」という回答がありました。


どうして効いたのか？

テストを受けることで、現状を客観視できる

どうして具体的に目に見える成果が必要になるのでしょうか？　**それは、レベルアップの感覚を自分自身でもわかるようにするためです。**

英語の勉強の場合には、自分の成長を客観的に観測できるテストの場が有効です。

結果が良いものでも悪いものでもかまいません。

なぜなら、**頑張って取り組んでいる自分を観測することによって、「成長している」「していない」という事実を、客観視できるからです。**テストというと憂鬱に感じられるかもしれませんが、前向きに勉強に取り組んでいくためにも、必要なことなんですね。

東大生の間でも、「英検や漢検を受けていたことがモチベーションアップにつながった」という回答が非常に多かったです。

テストというとげんなりしてしまう人も多いかもしれませんが、ゲーム感覚に変えることもできます。そのカギは、きっと「自分がそのテストをできるかどうか」でしょう。点数をキッチリ取れるようなテストであれば、きっと楽しくて解き続けるはずです。あまり高すぎる目標を設定してしまうとやる気も出ないでしょうから、まずは手の届くところから着実に一歩ずつステップアップしていくといいでしょう。

まとめ

- 目に見える成果がモチベーションにつながる！
- 親の具体的な「褒め言葉」も成長を実感するきっかけになる

東大生の声

英検を積極的に受けさせてくれた。**成果が目に見えるからモチベーションにつながった。**最終的に英検1級を取得するまで続けることができた。

小学生の間に英検を受けていたことは勉強のモチベーションにつながっていた。**母親が簡単なテストを作ってくれて、楽しみながら解いていた。**

成績が悪いとき、部活動は続けていいの？

部活動や習い事、好きなことなら続けさせてあげたいのが親心というもの。でも、成績がだんだん下がってくると、そんな心も揺らいでしまいますよね。こんなとき、部活動に時間を割いてよいのでしょうか？

悩み

成績が悪いとき、部活動は許すべき？

こんな解決策

親が介入していいのは「生活面」だけ！

ボクらには、コレが効いた！

「部活動をやめなさい」は禁句！

いくら成績が下がったとしても、

「部活動をやめなさい！」

なんて言わないでください。

親が介入するのは、あくまで日常の生活に関わることのみに絞った方が良いケースが多いのです。

それに、部活動を続けても受験に失敗すると決まったわけではありません。ちょっと先の話になりますが、**高校時代に部活動に所属していた東大生のうち、半数は運動部に所属していたと回答。**高校3年生の夏まで野球部だったある東大生は、「残された時間が少ないからこそ集中して勉強することができ、現役で東大に合格できた」と言います。

また、生活面でサポートしてもらえたからこそ当時の生活が成り立っていたと感謝する東大生も数多くいました。勉強を気にして部活動を禁止するのではなく、**部活動をしていても勉強の時間が捻出できるように生活面のサポートをしてあげてほしいです。**

子どもの事情も考慮し、見守ったほうが良い結果につながる

どうして、わが子のことなのに、勉強や学校生活について口出ししてはいけないのか？それは親との信頼関係に影響するためです。親御さんから見てもわかるレベルの成績低下なら、本人もとっくに気づいて焦っています。

なにより、親御さんからの視点では、お子さんにしかわからない事情や交友関係まで考慮できないと思います。一切口出しをせず、黙って行く末を見守ってくれたことに、多くの東大生たちは感謝しています。

お子さんからすれば、「ただ何も言わずに見守ってもらうこと」こそが一番親にやってほしいことなんです。心配になる気持ちは一度抑えて静かに見ていてあげるのも、一つの道だと思います。

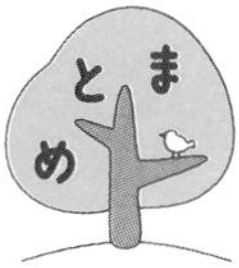

- **「部活動をやめなさい！」という安直な押し付けは逆効果！**
- **子どもが一番求めているのは「ただ何も言わずに見守ってもらうこと」**

東大生の声

毎日親身になって応援してくれた。野球部で朝から夜まで、土日も一日中ということが多い中、**嫌な顔ひとつせずに弁当を作ったり、洗い物を手伝ったりしてくれた。**

生徒会に所属しており、行事前などは毎日朝早く行って夜遅くに帰るような生活だったが、**嫌な顔をせずに送り迎えとお弁当の用意をしてくれた。**

気苦労なく最後までやり切ることができたからこそ、**部活を引退した後は受験勉強に専念することができたと感じる。**

5

「この習慣」で、日増しに成長する

好きな本に出会い、夢中になれる体験を！

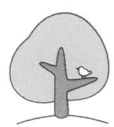

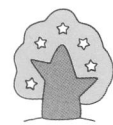

漫画でOMG!

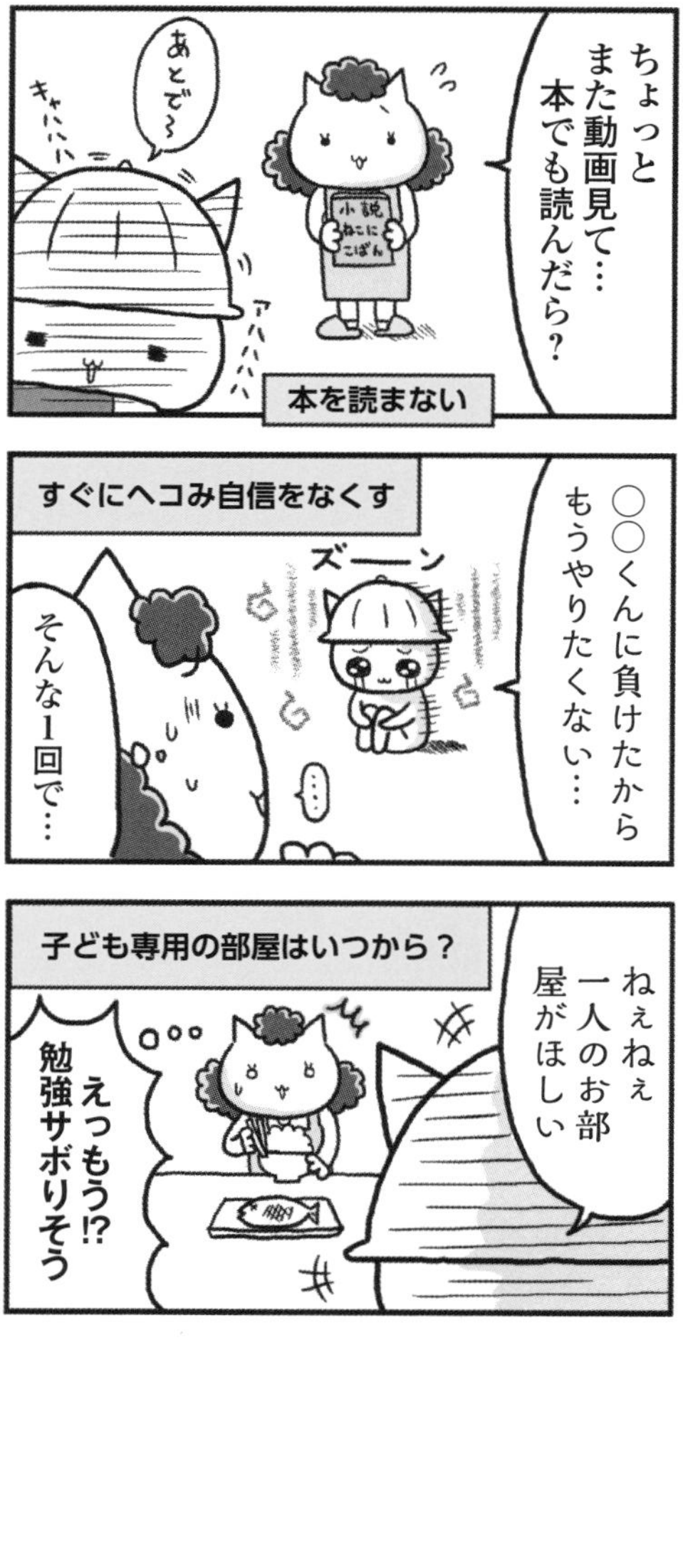
本を読まない
ちょっとまた動画見て…本でも読んだら？
小説ねこにこばん
あとで～
キャハハハ
アハハハハ
すぐにヘコみ自信をなくす
○○くんに負けたからもうやりたくない…
ズーーン
…
そんな1回で…
子ども専用の部屋はいつから？
ねぇねぇ一人のお部屋がほしい
えっもう!? 勉強サボりそう

読書習慣が身につき、心身ともにスクスク育つ！

子どもの将来を考えたとき、本を読む習慣ぐらい身につけておかないと、なんだかとても苦労しそうですよね。

「一刻も早く好きな本に出会って、夢中になって読む体験をしてほしい！」

そう願う親御さんは多いと思います。

そこで**本章では、東大生がどんなふうに好きな本と出会い、どのように読書習慣を身につけていたのかについて詳しくご紹介します。**

なお勉強であれ読書であれ、良い習慣を続けるには、メリハリのついた生活を送ることが大事ですよね。そこで、乱れがちな生活をリセットし、心身ともに健やかに過ごすための秘訣もお伝えします。ぜひお試しください！

「本の面白さ」はこうすれば伝わる！

「本を読んでいたことが、その後の人生を大きく左右した」「役に立った！」という東大生は少なくありません。しかし、お子さんの中には本を読むことよりもゲームをしたり、外で友達とサッカーをしたりする方が好きな人も多いと思います。どうして東大生は、子どもの頃から本を読むのが好きだったのでしょうか？

悩み

どうやって本に親しませていたの？

こんな解決策

お勧めの本を登場人物やエピソードと共に紹介してあげる

ボクらには、コレが効いた！

本の面白さを知った子は、本好きになる

仮にお勧めの本を紹介されたからといって、「今すぐ読もう！」とはなりませんよね。

そこでお勧めしたいのが**本の面白いポイントを登場人物やエピソードとともにお子さんに話してあげることです。**小学校低学年くらいまでは、途中まで読み聞かせをしてあげるのも良いかもしれません。

注意してほしいのは、過度に読書を強制しないことです。お子さんが本好きになる近道は、親御さんが本を楽しそうに読む姿を見せることです。お子さんが、自然と読みたいと思えるまで見守っていてあげてほしいです。

東大生に話を聞くと、「お勧めの本を紹介してくれた」「図書館によく連れて行かれた」という声が多く上がりました。

このほか、「お手洗いに本が置かれていた」「母が幼少期に読んでいた本が家に多くあった」という声もあり、やはり強制的に本を読ませるのではなく、家庭の中で、自然と本を読みたくなる環境をつくっていた家庭が多かったようです。

どうして効いたのか?

「本って面白い!」と思えるかが大事!

なぜ、本の内容をお子さんに話すことが大事なのでしょうか?

もともと子どもは親に褒められたいと思っています。**親が勧めてくれる本を読めば、確実に親が喜んでくれるとわかるので、「その本を読もう!」と思うわけです。**

また、本を読み慣れていないうちは、本の世界に入り込むまでに時間がかかり、良さを理解する前に、読むのを諦めてしまうかもしれません。

それを避ける意味でも、登場人物やちょっとしたエピソードにスポットを当てて話してあげることで、その本の面白さがわかります。これにより、「本を読んでみよう!」という気持ちが芽生えるようになります。

最初のハードルを下げることで、自然と本を読むようになっていった東大生は多いようです。ぜひ、お子さんが本と触れ合う仕掛けをつくってみるのはいかがでしょうか?

まとめ

- 子どもに読ませるだけでなく、親御さん自身もその本を読み、感想を共有する
- 本を読むのを楽しめることが最も大事である

東大生の声

家のお手洗いにことわざ図鑑や言葉図鑑が置かれていたので、よく読んでいた。

母親が幼少期に読んでいた本がたくさん家にあり、それを1冊ずつ読んでいた。読まれた跡が残る本に愛着が湧いたり、自分と同じ頃に母はどんなものを読んでいたんだろうといった興味から、自然と読みたくなった部分も大きいと思う。

2

「アラカルト本棚」を作り、いろいろな本を読めるようにする

どれくらい本を買ってあげれば、お子さんが本に愛着をもつようになるでしょうか？　求められるだけ買い与えることが教育上望ましいようにも思われますが、すべてを買うわけにもいきませんよね。そこで東大生はどのようなルールで本を買い与えられていたのか聞いてみました。

悩み

本の買い方にルールはあるの？

こんな解決策

まずは「様々なジャンルの本」を広く浅く買う

ボクらには、コレが効いた！

アラカルト本棚を作り、まんべんなく読める環境を作ろう

親が読んでほしい本と子どもが読みたいと思う本をうまく調和させる方法が、**複数の分野の本が入った本棚を家に設置する方法です。**

こうすることで、各分野の中でのお勧め本や親御さんが読ませたい本の中から、お子さんが読みたい本を読むことができます。**分量としては30冊から60冊くらいの本が入ったアラカルト本棚を作って本を選べる環境にしましょう。**

その際、**選ぶ分野を偏らせないようにするのが重要です。**歴史や科学のような勉強になる本だけではなく、小説や子ども向けの新書、雑誌など幅広いジャンルの本を置くようにしましょう。一つの分野の本を読み終わったら次の分野の本を、その本が終わったらまた次の分野の本を……というように手に取りやすいので、子どもは偏りなく本を読むことができます。

親御さんのほうも、お子さんが1冊読み終わったら、その分野の本を買い足すことをお勧めします。お子さんにとって、新しい本を読むことが一つのモチベーションとなり、意欲的に読むようになるかもしれません。

自分で選んだ本には愛着がわき、読書習慣につながりやすい

なぜ複数の分野の本を満遍なく読ませることが重要なのでしょうか？

それは、子どもが自分で好きな本を見つけることができるからです。自分で選んだ分、好きになりやすいので、その後の読書習慣にもつながりやすくなるのです。

なお、「本屋に親と寄る機会があった」と答えた東大生は多かったですが、本を買い与える際にも注意が必要です。関心が様々なことに移りやすい子ども時代には、読み切れないほどの本を買い与えるよりも、**1冊1冊読み切ってから次の本に取り組む方が、「本を読み切るクセ」がつき、本好きになる可能性が高いのではないかと考えられます。**

そして、本棚を作るということに関連して、「読み切った本を置いておく本棚」を作っていた、という東大生もいました。そうすることで、自分がこれまでどれだけの本を読んできたのかが可視化され、読書習慣がついていることへの自信にもつながったと考えられます。

本棚一つとっても様々な工夫の仕方があることがわかります。お子さんに合った本棚を作ることで本が自然と好きになっていくのではないでしょうか。

まとめ

- 家の中に本棚を設置し、読書に対するハードルを下げる
- 幅広いジャンルの本を置き、子ども自身に好きな本を見つけさせる

東大生の声

中古書店によく連れて行ってもらっていた。あるとき、数学の本を買ってもらい、これによって数学自体に興味を持てたと思う。

読み切った本を置いておく本棚を作成していた。こうすることで、自分がどれだけの本を読んできたか、を**可視化でき、読書習慣がついていることへの自信にもつながったと思う。**

本を買ってもらう数は読み切れる1、2冊だった。そのため、積読してしまうことはあまりなく、**達成感が得られたように思う。**

3

小学校時代に読んでおきたい本は？

自分が昔読んで面白かった本を勧めてみても、好みが一致するとは限りません。大切なのは、本人が楽しめることなので、一方的に押し付けるのは得策ではありませんよね。それでは、読ませる本はどのように選べば良いでしょうか？

悩み

どんな本を読むといい？

こんな解決策

読む体力をつけたいなら、『ハリー・ポッター』などのシリーズものがお勧め

ボクらには、コレが効いた！

子どもに支持されている本を調べておこう

読ませる本を選ぶときに参考にしたいのが、「今どきの若者が読んでいる本」です。これなら、時代に応じた流行りや、逆に時代を超えて愛されているシリーズが何なのかわかりますし、今の子どもと感性が一致する可能性も高くなります。

いくつか種類を用意しておけば、子どもが自分の好みに応じたものを選ぶ余地も生まれるはずです。

雑誌の『プレジデントFamily』（2022年・秋号）に掲載されていた「東大生150人調査「子供時代に読んだ超おすすめ本」によると、**『ハリー・ポッター』シリーズ**（J・K・ローリング）のほか、**『かいけつゾロリ』シリーズ**（原ゆたか）、**『星新一ショートショート』シリーズ**（星新一）、**『ぼくらの七日間戦争』**（宗田理）、**『マジック・ツリーハウス』シリーズ**（メアリー・ポープ・オズボーン）などが上位にランキングしていました。

「読書する本人が楽しめること」が大切だと言いましたが、せっかく読書するなら、「読書を通して何かを得てほしい」「本を読み切る体力をつけてほしい」と思うのが親心かと思います。そんなときに役立つのがシリーズものです。

実際、このランキングにも、『ハリー・ポッター』や『マジック・ツリーハウス』が登場しています。**シリーズものを選ぶときは、いきなり全巻を用意するのではなく、1巻や最新巻だけ用意して、子どもが気に入れば続きを用意してあげると良いでしょう。**

今回、話を聞いた東大生たちの間でも、中学年ぐらいから読書に目覚める人が多く、やはり『ハリー・ポッター』『マジック・ツリーハウス』は人気でした。このほか、『ズッコケ三人組』シリーズ、『パスワード』シリーズ、『都会のトム＆ソーヤ』シリーズを読んだという人もいました。

どうして効いたのか？

手軽に読めるシリーズも多く、たくさん読めるというメリットがある

「読書の体力をつけるために、シリーズものが役立つ」と言いましたが、なぜか？

それは、**シリーズものはさほど苦労せずにまとまった分量を読むことができるからです。**

『ハリー・ポッター』シリーズは例外ですが、一般的にシリーズものは1冊当たりの分量

がさほど多くないパターンが多いです。

もともと日本人作家による児童書の場合、1冊ごとの分量はかなり抑えられています。分量が少ないことで、**「1冊を読み切った」という達成感を味わいやすい上に、次の話が気になるようにうまく構成されているため、どんどん読み進めていってくれるのです。**

また、シリーズものは、登場人物や舞台となる場所が固定されているため、複数冊読んでも混乱することがありません。直近に読んだ内容を覚えてさえいれば、すぐに次の本に取りかかれるのです。読書を通して達成感が得られて、本人も楽しめるのなら、とてもいいですよね。

シリーズものに近いのが、同じ著者が書いた別の作品です。例えば、児童文学作家として不動の人気を誇るミヒャエル・エンデは、**『モモ』**以外にも、**『はてしない物語』**や**『魔法のカクテル』**などの作品を書いています。登場人物などはそれぞれの作品ごとに異なりますが、テーマや世界観、表現技法などは近いことが多いです。**子どもが自分のお気に入りの作家やシリーズを見つけられるまでに至ったら、読書の試みは大成功といえるでしょう。**

まとめ

・若い世代が実際に読んでいた本を選ぶと、子どもの感性と一致しやすい
・シリーズものは読み切った達成感を得られつつ、本を読む体力もつけられる

東大生の声

小学校中学年から『ズッコケ三人組』シリーズ、『パスワード』シリーズ、『都会のトム＆ソーヤ』シリーズを読んだ。**同級生に勧められて読み始め新刊が出るのを待ち望んでいた。**

小学4年生のとき、なぜか活字の本を読むのがかっこよく思えたため『マジック・ツリーハウス』シリーズを読み始めたが、**感情移入できる内容が多かったので終始楽しんで読めた。図書室で貸出し待ちをするくらいハマった。**

4

好きなことを見つけて、「ハマる経験」を！

いろいろ体験させているのに、子どもの反応がパッとしない……。「もっと興味のあることにガンガン向かっていくような子であってほしい」と感じたことはありませんか。どうすれば、好きなことを見つけて夢中になるのでしょうか？

悩み

どうしたら、知的好奇心が育つの？

こんな解決策

子どもが興味を持ったことは、親も解説できるようになるまで付き合う

ボクらには、コレが効いた！

子どもの話を熱心に聞いたり、一緒に調べたりする経験が財産になる！

子どもが興味関心を持ったことには、とことん付き合ってあげるといいでしょう。

ある東大生は、散歩をしていて「この虫はどんな虫？」と1匹の虫を捕まえてきて聞いたときに、母親が一緒にたくさん調べてくれたことで理科が好きになったといいます。

親の方では「なんでそんなことに興味を持つの？」と思っても、付き合ってあげることで、さらなる探求心へとつながります。

どうして効いたのか？

好きな分野をとことん究める「オタク力」が強みになる

この本を書くにあたって多くの東大生たちの実態を調べてみて感じたのは、**基本的に東大生ってオタクだということです。**好きな分野はとことん調べていて、例えばそれが歴史なら「そんな話まで知ってるの!?」という知識を持っているわけです。こうした子どもの「オタク性」を活かしてあげるためには、興味関心を潰さないように丁寧に接してあげることをお勧めします。

まとめ

- 子どもの「好き」を大事にする
- 親の「好き」を提供してあげる

東大生の声

興味を持ったことはなんでもさせてくれた。**散歩をしていて「この虫は？」と聞いたら一緒に調べてくれた。**このおかげで理科が好きになった。

小さい頃よく科学館に連れて行ってもらった。僕が興味を持っていたことは親も気づいていたと思う。

同じ施設ではあったが**何度も連れて行ってもらったことで展示物に詳しくなっていくにつれ、もっといろいろなことを知りたいと思えるようになった。**

繊細な子が、失敗を恐れなくなる方法

親からみれば「その程度のことでへこむの？」「大した失敗じゃないのに」と言いたくなるようなことでも、子どもからすれば「失敗した！」「またやってしまった……」と感じる場面があります。失敗や挫折から立ち直る経験はこれから積んでいくもの。失敗したときに心が折れないためには、どんな点に気をつけるといいのでしょうか？

悩み

子どもが些細なことで凹んでしまう

こんな解決策

親子で「褒め合う習慣」をつくる

ボクラには、コレが効いた！

頑張りを認めてもらえる環境があると伸びる

失敗したときに、とがめられるようなギスギスした環境ではなかなか挑戦する気になりません。まずは親御さんから率先して**子どもを褒めることで、良い雰囲気、平和な環境をつくってあげてほしいです。**お子さんが繊細だと感じていたら、むしろ繊細だからこそできていることや、プラスに働いている面を見て、そこを褒めるのも有効でしょう。

どうして効いたのか？

失敗を恐れず、挑戦しやすくなる

新しいことに挑戦したり、成し遂げたりしたときに褒めてもらえる環境は、子どもにとって安心できる平和な場です。**心理学的見地からも、こうした場は普段の学習生活や人格形成に大きな影響を及ぼすことがわかっています。**些細なことでも、頑張っていることに気づいたら、とにかく褒めてあげましょう。

とりわけ重要なのは、「親子で褒め合う」ことです。日常的に褒め合う習慣は、受験や学校でのいざこざなど、子どもにとって辛い時期にも効果的だったという声も上がりました。辛いときこそ、褒め合う行動が気持ちを前向きにしてくれるということですね。

まとめ

- 親子で褒め合える環境を整えられるとベスト
- 平和な環境で子どもを育てることで、自発的な挑戦を自然と肯定してあげられる

東大生の声

日頃から親子で褒め合う習慣があり、とても平和だった。お互いを褒めることで、日頃から温かい平和な雰囲気をつくってもらえたのがよかった。

受験で成績が上がらないときや、人間関係で辛いときに、親から褒めてもらえて前向きに頑張ることができた。**辛いときに支えてくれたことがとてもありがたかった。**

「チャンスは何回でもあるから」と言ってくれたことが響いた。

6

子ども部屋は、いつから必要？

子ども部屋にはメリット、デメリットがありますよね。「目が届かないと遊んでしまうんじゃないか」「でもパーソナルスペースがないのはかわいそうだし……」。どうすればいいのでしょうか？

悩み

小学生の間は、子ども部屋はなくてもいい？

こんな解決策

より「自主性」が大事になる中学生から

ボクらには、コレが効いた！

中学生になるまでは、兄弟や姉妹は同じ場所で勉強してOK

取材してわかったのですが、東大生の子がいる親御さんは、かなり高い割合でこのルールを実践していました。また、家の構造上、子供の部屋があったとしても、**小学生の間は勉強机はリビングなどに置いて、『自分の部屋で勉強するのではなく、リビングで勉強する』を習慣にした方がいいのです。**兄弟や姉妹がいる場合も同様です。小学生の間は兄弟や姉妹を一緒に勉強させて、どちらかが中学生になるタイミングで、1人部屋を与えましょう。

どうして効いたのか？

自主性が出てくる時期には、自分の部屋が必要になる

なぜ、小学生と中学生とで、ここまでしっかりと分けるのか？　それは、時期によって求められる勉強習慣が変わるからです。小学生の間は保護者の目が届くようなリビングで学ぶことで、勉強が習慣化します。一方、中学生になれば「誰かが見ていないと勉強できない」という状態から脱却しなくてはなりません。

親や先生がしてくれるのを待つ状態から、自主的に行動を起こすべき時期なのです。保護者の庇護下から脱するためにも、自分の部屋があるといいといえます。

まとめ

・小学生の間は、リビングのような場所で勉強させ、勉強の習慣化を
・中学生になると、子どもの自立を意識し、専用の部屋を用意する

東大生の声

小学生のうちはリビングで勉強し、中学受験は父親に教えてもらっていた。**中学校に入ってから、父親からの声かけがなくなり、自分で学ぶフェーズになったのだと自覚した。**

小学生の頃から自分の部屋自体は存在したが、あまり使っていなかった。高校受験に本腰を入れ始めたときに部屋にエアコンを付けてもらい、自室で勉強することが多くなった。

7

コレで生活にメリハリがつく

「夜更かしや寝坊ばかり。ゲーム三昧で勉強しない」「もっときちんとしてほしい」とお考えの親御さんは多いのではないでしょうか。こういうとき、どうしたらいいのでしょうか？

悩み

生活態度がだらしない。どうすればちゃんとする？

こんな解決策

毎日、「同じ時間」にお風呂に入る

ボクらには、コレが効いた！

時間を固定する！

効果的なのは、食事や睡眠の時間の固定よりも、「お風呂の時間」の固定化です。

生活態度がだらしないのは、大抵「時間の使い方にメリハリがない」のが原因です。まずは「この時間にはこれをする」というルーティンを作る必要があります。手っ取り早いのが、お風呂の時間なのです。

どうして効いたのか？

休息時間を確保し、リフレッシュできる

お風呂の時間は、生活におけるリフレッシュの時間です。

大抵は、夜にお風呂に入る人が多いと思いますが、時間がバラバラだと、日によって睡眠時間にばらつきが出て、しっかりと休息をとれなくなります。お風呂の時間をしっかり決めておくことで、身体を休ませるペースをしっかりとつくれるようになります。

まとめ

- 時間を固定化して、生活にメリハリをつける
- 特にお勧めなのは、「お風呂の時間」を固定化すること

東大生の声

寝る時間がバラバラで、疲れがとれずに寝坊することが多かった。そこで**入浴時間を決め、寝る時間も固定したところ、朝も早く起きられるようになった。**

基本的に家族で食事をすることになっており、その時間も長かった。食事の時間に、いろいろなことを話せたのでよかった。

6

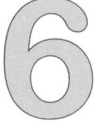

ゲーム、スマホ、漫画と正しく付き合う

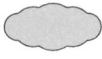

知的好奇心、
自主性を育むコツ！

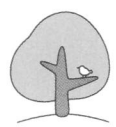

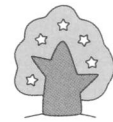

漫画でOMG!

文化施設に連れていくと興味が広がっていいらしいの
今週末みんなで行ってみない?
オーいいなー行こー
歴史美術館
お~
かっこいいねー 本物の刀だって
どう?楽しかった?
うん!
ただいま~
さてゲームしよーっと
!?
(忘れてる!?)

「知的好奇心」を育みながら、「ゲーム」「スマホ」と上手に付き合う

「文化施設には5種類以上連れて行く」

「新しいことを学んだら1ヶ月以内に関連する場所に連れて行く」

いずれも東大生の家庭で行なっていたことです。

子どもの知的好奇心を刺激するうえで大いに役立ったようです。

現代は漫画のみならず、スマホやYouTubeなどの娯楽がたくさんありますよね。それらにドップリはまらないように気をつけながら、上手に付き合っていく必要があります。

そのときにも、**大事なのは子どもと一緒にルール作りをしていくことです。**

例えば「気晴らしする時間は、子ども本人が決める」「スマホのルールを子どもと決める」といったように、自主性を重んじることで、子ども自身もルールを守りやすくなります。

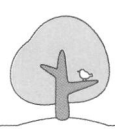

どうしたら好奇心や向学心を育めるの？

「勉強などで結果を出すためには、子どもの好奇心が重要」という言説を聞いたことはないでしょうか？　好奇心さえあれば、自分で勉強するというのです。でも、大変難しいことでもあります。好奇心があるかないかなんて、個人の資質によるように思えるからです。どうすれば、育まれるのでしょうか？

悩み

文化施設に連れて行っても、反応が薄い

こんな解決策

「5種類以上」の文化施設に連れて行く

ボクらには、コレが効いた！

子どもが興味のある場所、ない場所、どちらにも連れて行く

子どもの好奇心を育むためにも、いろいろな文化施設に連れて行ってみましょう。例えば博物館や美術館、科学技術館、動物園などが当てはまります。できれば、5種類以上、バリエーション豊かに連れて行くとよいでしょう。

実際に、「さまざまな文化施設に連れて行ってもらった」という東大生が多くいました。なかには、「それがきっかけとなり、歴史や化学が好きになった！」というような意見も多数ありました。

まだ広い世界を知らない子どもに、さまざまな分野に触れる機会を設けてあげることで、何かに興味を持つきっかけを与えてあげられます。その上、それが勉強のモチベーションにつながる可能性もあるでしょう。

文化施設選びの際には、子どもの興味がありそうな場所、興味がなさそうな場所の両方に連れて行くのがポイントです。

親として「教養のためにいいだろう」と思った場所だけではなく、子どもの興味を掻き立てるような場所に行ってみましょう。ゲームの博覧会にも連れて行くし、理解が難しそ

うな芸術も見せる、といったように**両方経験したほうが、教養としていろんなものを受容できるはずです。**

多ジャンルを見せることで、好奇心を刺激できる

どうしていろいろな施設に連れていく必要があるのでしょうか? それは、知識欲が掻き立てられる「可能性」が高まるからです。

例えば、芸術には全く興味がない子だとしても、科学技術、あるいは魚や動物の生態について知りたいと思っているかもしれません。往々にして、興味の方向性は傍から見てもわかりません。

対象を絞りすぎず、できるだけ貪欲に、「いろいろな物や場所」を見せてあげたほうが、好奇心を刺激しやすいのです。

たとえ、子ども自身が興味を持てるポイントが見つからなくても、「全部が面白くなかった」というわけではなく「ある一定のポイントは面白かった」と感じる可能性はあります。

例えば、魚の生態には興味がなかったとしても、「深海の生き物たちの展示コーナーは面白かった」という感想をもつかもしれません。

無駄な知識や経験なんてありません。**できるだけ制約をつくらず、多方面に向けて知識欲を伸ばすようフォローしてあげてほしいです。**

まずは親御さんが面白いと思える施設から回ってみるのもいいでしょう。親が楽しそうにしている姿を見て、子どもの好奇心が刺激される可能性は多いにあります！

- **子どもの興味がありそうな場所、興味がなさそうな場所の両方に連れて行く**
- **興味や知識欲を持つことが「勉強のモチベーション」にもつながる**

東大生の声

家族総出でいろいろな所に連れて行ってくれた。小さい頃から様々な体験をさせ、いろいろなものを見せてくれたことに、とても感謝している。

美術館や博物館より、私が好きだった劇場に連れて行ってくれたのが嬉しかった。**小さい頃からアートに触れさせてくれる環境でよかったと思う。**

科学館によく連れて行ってもらった。当時は内容は理解できていなかったし、楽しそうな雰囲気とアニメーションや仕掛けを楽しんでいた。**家と学校だけの世界を広げてもらってありがたかった。**

大阪の科学館によく行ったことを覚えている。**プラネタリウムの上映も楽しかった思い出がある。**

2

コレで、深く調べたり学んだりするようになる

親としては、子どもにいろいろな経験をさせてあげたいと願うもの。しかし、どんな体験が最適なのかはわかりませんよね。子どもに経験を積ませるという点で考えた時、いったいどのようなことを重視すればいいのでしょうか？

悩み

新しいことを学んでも、すぐ忘れる

こんな解決策

新しいことを学んだ「1ヶ月以内」に、関連した場所に連れて行く

ボクらには、コレが効いた！

学んだ直後は、印象に残りやすく、学びも深まる

経験を積ませたいなら、子どもが学んだことが定着するような経験を積ませてあげましょう。**何事にもタイミングは大事です。勉強で言えば、学んだ直後がそれに当たります。**

例えば、日本史について勉強した後に有名なお寺や神社、史跡などに行ってみたり、英会話の授業に触れた後に海外旅行に行ったりするのは、その良い例です。

実際に、東大生の中でも、家族旅行で神社仏閣に訪れることが多かったことから日本史が好きになったり、自然と触れ合う機会が多かったことから生物学に興味がわいたりした、というように、**体験が興味関心につながることが多かったようです。**

また、それが教科書に出てきたものであったり、漫画などで新しく知ったものであったりすると、実際にその場所に訪れたときの学びや感動は大きくなります。いろんなところに連れていく中で、子どもの興味を引き出し、高めてあげましょう。

どうして効いたのか？

学んだことが、実生活とどう結びついているのかがわかると、意欲が高まる

本来、学校や塾で学ぶ内容は、実際の生活に役立つ知識を土台としています。

しかし例えば、理科で学ぶ空気の組成や植物の構造などは、普段の生活では目で見て確かめることはできません。

このため、ともすると学んだ内容と実際の世界の様子との断絶をもたらします。結果として「教科書で学んだこと」と「実際の世界の様子」が別々のものとして捉えられかねないのです。

これを防ぐためには、**「自分が学んだことは、仕組みとして、ルールとして、この世界に根付いていることなんだ」と理解できるような場所や施設に連れて行くことが大事になります。**

これにより、教科書で学んだことが知識として脳に根付くことになるのです。**学んだことと、社会とのつながりがわかれば、勉強は楽しくなるものです。**ゆくゆくは自分から勉強するようになるかもしれません。

まとめ

・鉄は熱いうちに打て！　学んだ直後が学びを深めるベストタイミング
・教科書の内容と生活のつながりがわかると、勉強は楽しくなる

東大生の声

寺社仏閣をたくさん巡ったので日本史が好きになった。

漫画で興味を持ったものに関する博物館によく連れて行ってくれたことを覚えている。市の科学館や原子力発電所展示館、宇宙館、戦争博物館など、**科学や歴史に対する素地はこういったことから出来上がってきたと感じる。**

中学生のときに初めて見たマーシャル諸島の海に感動して海への興味がわき、大学で水産を学ぶことになった。

旅行では美術館や博物館に連れて行かれることが多く、興味はなかったが、いろんなものを知れて、刺激にはなっていた。**父が神社仏閣が好きで行く機会が多く、その関係で歴史は好きになった。**

東大生の声

「頭の回転」が良くなる意外な方法

「頭の回転が速い」は「地頭がいい」に並んで、一度は言われたい誉め言葉の一つですよね。勉強して身につく能力というよりも、むしろ、遊びやスポーツの中で育くまれそうなイメージがあります。どうすれば、頭の回転が良くなるのでしょうか？

悩み

どうしたら頭の回転が良くなるの？

こんな解決策

家族でボードゲームをする

ボクらには、コレが効いた！

ボードゲームは、ルールが複雑で頭を使うものが多い

頭の回転を鍛える遊びは、実在します。それは、ボードゲーム。ボードゲームとは、すごろくやモノポリー、チェスや将棋、トランプ、カルタのような、テーブルに一式を並べて遊ぶようなゲームを指します。これが、頭の回転を鍛える遊びとしてピッタリなんです。俗にいう「人狼」などもこのボードゲームの括りに入ります。

それに、ボードゲームはテレビゲームよりも楽しいことだって往々にしてあります。実際、ボードゲームを家族でやる機会が多かったから、ゲームを禁止されていても気にならなかったという東大生もいました。

近年では、**ルールが複雑で頭を使うボードゲームもあるので、それらを家族でやることで、頭の体操だけでなく、家族でのコミュニケーション、ゲームのやりすぎの防止や、さらには論理的思考力を育むことに繋げることができます。**家族全員で頭の回転を速くする遊びをしていれば、全員地頭がどんどん良くなっていくかも!?

どうして効いたのか?

コミュニケーション能力も育つ

どうしてボードゲームをした方がいいのでしょうか?

それは一人用のゲームをやっているだけでは身に付かない、ある能力がグングンと伸びていくからです。**その能力とは、ずばり「コミュニケーション能力」のこと。**

ゲーム進行の都合上、他のプレイヤーとの声掛けが避けて通れないボードゲームでは、他者とのコミュニケーション能力がどんどん磨かれていきます。たった一人で進められるテレビゲームならいざ知らず、ボードゲームは大人数で楽しく遊ぶために空気を読んだり、気を遣ったりといった社会的な共感能力を磨くことができるのです。

この能力は、社会で暮らすうえでも重要ですし、学校生活でも大変重要になります。例えば、先生にわからないことがあるから質問しに行く場面でも、人見知りだからなかなか聞きに行けない、なんて子も珍しくはありません。しかし、ボードゲームでコミュニケーション能力を磨いておけば、なんなく質問に行けるようになるかもしれません。

まとめ

・ボードゲームは楽しさと学びを兼ね備えた、格好の学習教材！
・ボードゲームで身に付くコミュニケーション能力は、勉強効率を高めてくれる

東大生の声

我が家ではテレビゲーム機器は一切なかったが、トランプなどのカードゲームやボードゲームは豊富で、**家族みんなで遊ぶのが楽しかった記憶がある。**

家族や親戚とボードゲームやトランプをやっていた。周りには年上ばかりで勝てず悔しかった。**たくさん練習したり、戦略を練ったりしたのはいい頭の体操になっていたと思う。**

麻雀を祖母祖父としていた。最初は難しかったが、**自分でいろいろ考えられるようになってからはかなりハマった。**

「気分転換に時間を使いすぎる」ときはどうする？

勉強をやらないわけじゃないけど、遊びの時間が長い！　そんなお子さんの様子を見たことはありませんか？　気晴らしは誰にでも必要ですが、あまりにも気晴らしが長すぎてもいけません。適度な時間で、気分転換する方法はあるのでしょうか？

悩み

気晴らしに時間を使い過ぎてしまう。勉強に戻るためには、どうしたらいい？

こんな解決策

「休み時間」は子どもが決める

ボクらには、コレが効いた!

親が時間を決めないことが大切

気晴らしの時間も必要。でも、あまり遊びすぎてもいけない……。そのジレンマを解決するためには、やはり制限時間を設けるのが良いでしょう。**大事なのは、親が決めるのではなく、あくまで子どもが決めるということ。**宿題や片付けなど、やらなければならないことにどれくらい時間がかかるのかを子ども自身で考えさせて、それをやり切るためにどうやって時間を使うのかを考えさせてあげましょう。

どうして効いたのか?

時間を守る意識が芽生える

どうして子ども自身で時間を決める必要があるのでしょうか? それは「時間の大切さ」を本人が学ぶ必要があるからです。親御さんに時間を決めてもらっていては、時間を上手に使うコツをつかむことができません。

最初は時間の管理に失敗するかもしれません。それでも子どもに時間を決めてもらい、それを見守ってあげましょう。

うまくいかないようなら、次はどうすればいいのかを親子で一緒に考えてあげてほしいのです。**私たちも体験したことですが、自分で時間を管理することで初めて、時間の遵守意識が芽生えます。**

最初のうちはスケジュール表や手帳に時間をメモしておくなど、決めた時間を親子でチェックしてみましょう。実際に、東大生たちの中にも、手帳をつけて、勉強時間やゲームの時間をチェックしてもらっていた人がいました。

また、**時間やノルマを一度決めたら、親がそれ以上は口出ししないことも必要です。**

例えば、ゲームばかりしていても怒ったりせず、「やるべきことをしているならＯＫ」というスタンスでいてほしいです。「信頼してくれる姿勢がありがたかった」という意見もたくさん出ています。過干渉にならないようにしてみてください！

- **時間の使い方は「自分で」考えることで成長につながる**
- **手帳などを活用しながら、時間の使い方を子ども自身で考えられるよう支援する**

東大生の声

手帳にスケジュールを記入するようアドバイスされ、時間管理しやすくなった。

ゲームは1日「1時間まで」と決めていた。

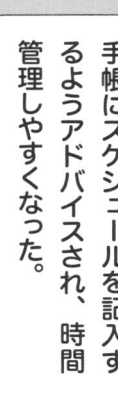

5

漫画を読ませてもいいの？

最近は学習漫画もたくさんあり、ためになる漫画も多いようです。たしかに読み物には違いないけれど、漫画ばかり読まれると、「困るなぁ」とモヤモヤした気分になりますよね。勉強できる子たちは、漫画やゲームに全く触れないで勉強しているのでは……という焦りもわいてくるでしょう。それでは、東大生はどれくらい漫画を読んでいたのでしょうか？

悩み

本を読まずに、漫画ばかり読んでいる

こんな解決策

小学生のうちは、漫画は控える

ボクらには、コレが効いた！

ハマりすぎないよう、本に接する機会を増やす

漫画を読んでいた東大生のうち、「小学生までは保護者に買ってもらっていた」と回答した人が半数以上でした。

お小遣いをやりくりできない小学生のうちは、漫画が散財の元になる可能性があります。小学生の頃は本に対する意識が育つ大事な時期ですから、漫画よりも本を読ませるようにすると良いでしょう。

なお、なかには、小学生の間は漫画が禁止だったため、友達の話題についていけず恥をかいたという学生もいました。**のめりこむのは問題ですが、全面禁止にするのは考えものかもしれません。**

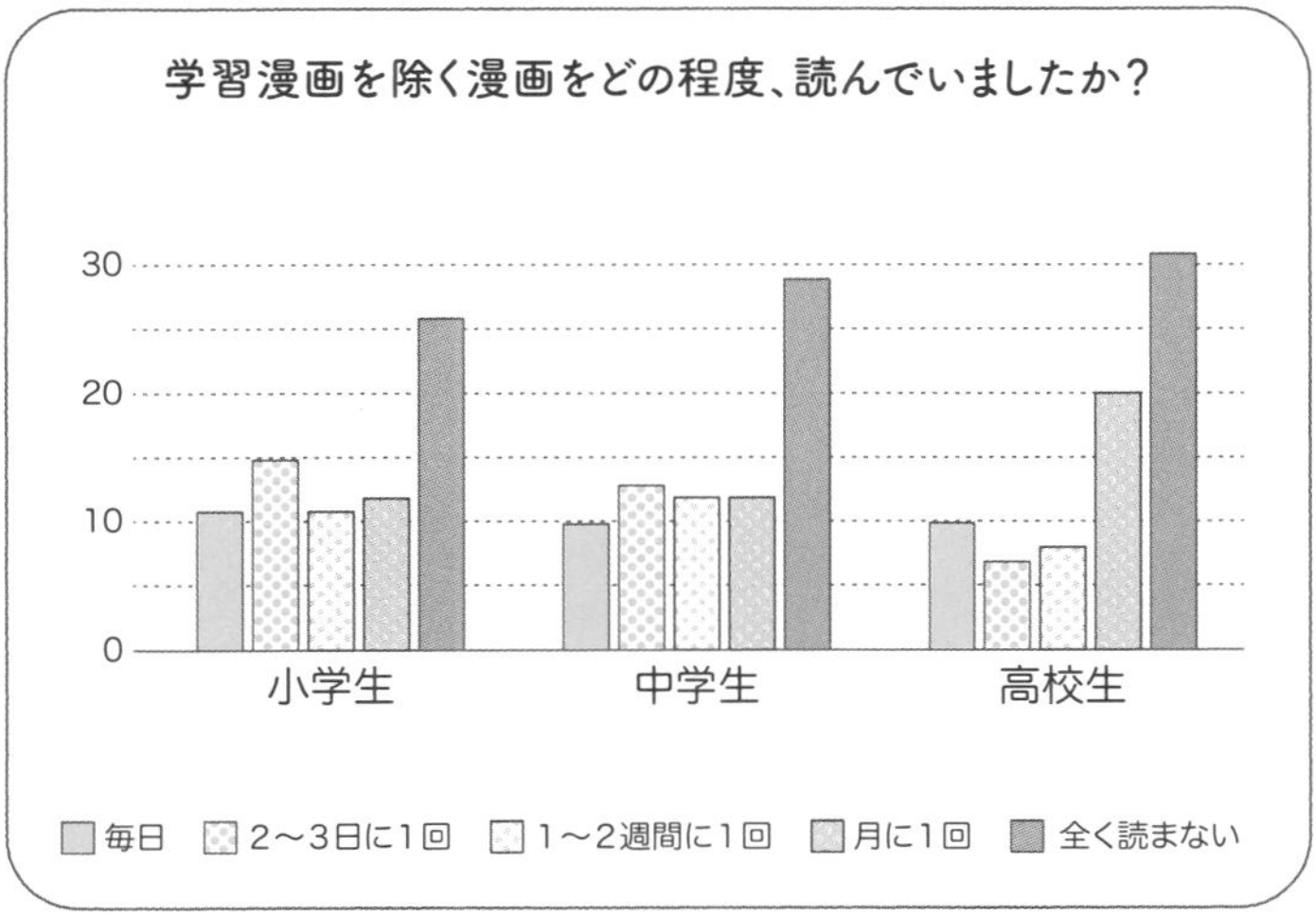

どうして効いたのか？

本への抵抗がなくなることで、その後の読書習慣につながる

どうして小学生の頃は漫画を避けるべきなのか？

その理由は大きく分けて2つあります。

1つは、小学生は、それ以降の人生において本と関わっていく姿勢を形作る大事な時代だからです。この頃にどれだけ本に親しんだかによって、その後も本を読むことに抵抗がなくなるかどうかを左右します。

2つ目の理由は、金銭的な理由です。漫画は、1冊当たりは安価かもしれませんが、まとめて買うと1万円を超えることもあります。月間の漫画雑誌を買う程度ならともかく、小学生のお小遣いでは賄いきれないでしょう。やはり、自分でお小遣いのコントロールができるようになるまでは、親が買い与えてあげるほうが良いのです。

逆に、「中学生からは自分で買っていた」という東大生の数の方が多くなるという結果でした。ある程度お小遣いなどでやりくりできる年齢になったら、漫画はお小遣いの中でやりくりするようにルールづけても良いでしょう。

なお**漫画を買うときは同時に、お勧めの本や好きな映画の原作を買ってあげるなど、本に親しむ機会を積極的につくってあげる家庭も見られました。**

まとめ

・小学生の頃は本に対する意識が育つ大事な時期
・漫画にのめりこみすぎないよう、できるだけ本を買ってあげる

東大生の声

父親の本棚が家にあったため、**小さい頃から小説系を中心とした本を身近に感じていた。**一方で、学習漫画以外は買ってもらえず、学校の話題についていけなくて恥ずかしかった。

小学生の頃は母親がお勧めの本を買ってくれた。**読みなさいと言われたおかげで読書習慣がついた。**

『週刊マンガ世界の偉人』シリーズを買ってもらっていた。とても面白くて勉強になり、高校で世界史を選択したわけではないが一般教養くらいはそこで身につけたと思っている。

6

ゲームをするときは このルールで

ゲームとの付き合い方は難しいもの。「ゲームなんてやめて勉強をしなさい」と言っても、全然話を聞いてくれない。だから、親としてはゲームを没収したり、無理やり終了させたりといった強硬手段に出ざるを得ない……。いったい、ゲームはどのぐらい許容したらいいのでしょうか？

悩み

ゲームばかりして勉強しない

こんな解決策

小学生の間は、1日「1時間以内」にする

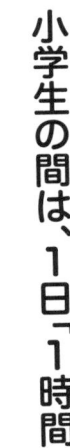

ボクらには、コレが効いた！

具体的なルールを決める

どれくらいゲームをやっていいのか子どもが判断できない頃は、親がある程度管理してあげることも必要になります。

例えば、小学生の間はゲーム時間を1日「1時間以内」にするという具体的なルールを決めるといいでしょう。

東大生へのアンケートでは、小学生のときのゲーム時間は、60％以上が1時間以内と回答（75件の回答中、禁止は27件、1時間以内が33件）。学習習慣がまだついていない小学生だからこそ、ゲームの時間が長くなりすぎないように気をつけると良いでしょう。

ただし、家庭のルールでは「全面禁止」

1日にゲームする時間を教えてください

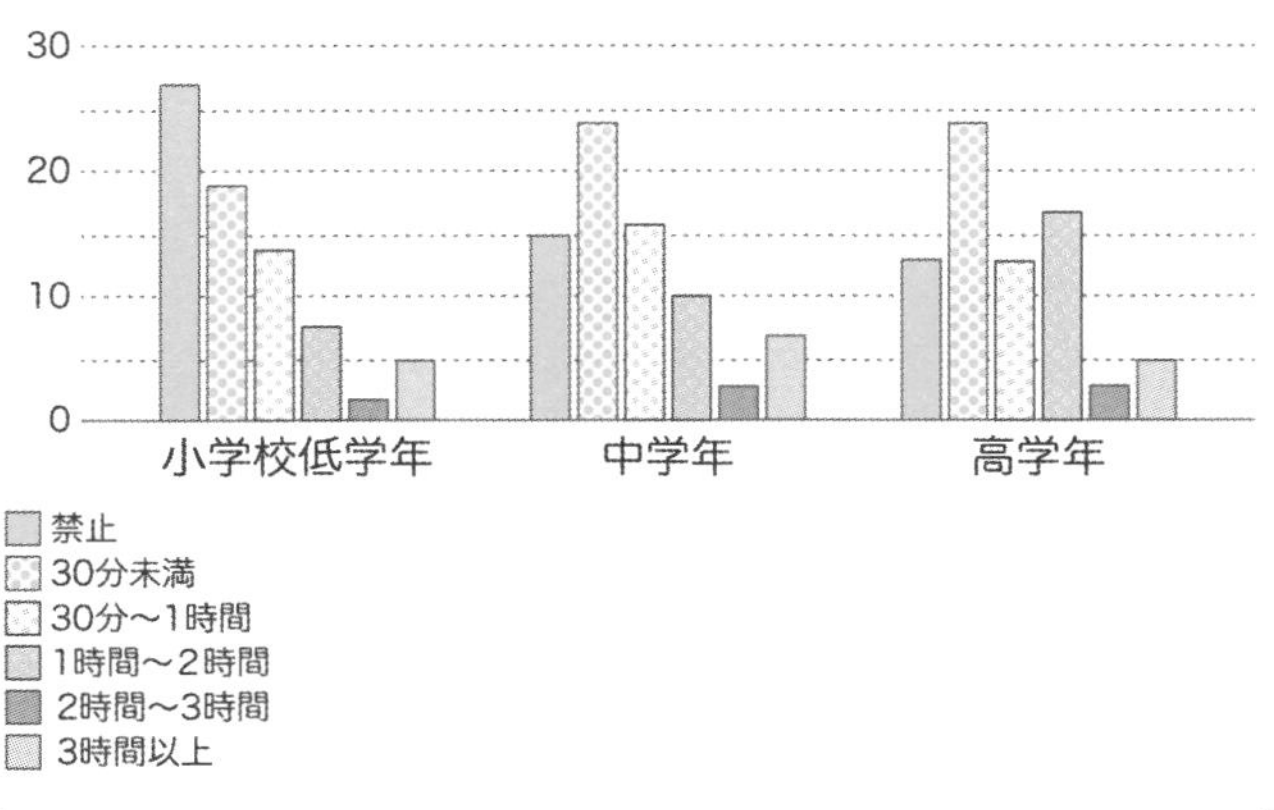

としていたのが小学校低学年で36％、中学年で20％、高学年で17％という結果となり、「宿題が終わったらＯＫ」「リビングでのみＯＫ」などのルールのもとゲームをしていた、という東大生が一定数いました。

全面禁止は避けたい理由

学習習慣のついていない小学生の頃は、いくらでもゲームにのめりこんでしまう可能性があるので、**一定のルールをつくり、学習習慣が身につくまで見守ってあげてほしいです。**

それなら「最初から全面禁止にすればいいのでは？」と思う方もいるかもしれません。

しかし、ゲームを禁止されていた東大生からは不満の声も出ており、家庭内不和の原因となります。全面禁止にされた人からは「友達との話についていけなくなった」という人もおり、**禁止令は諸刃の剣であるようです。**

また、子どもが隠れて遊ぶようになれば、禁止の意味がありませんし、むしろ「親に隠れて遊ぶ」という悪い経験を覚えるようになるかもしれません。

全面禁止にするのではなく、「ある程度のルールのもと制限する」と良いでしょう。

例えば、「宿題をやったらゲーム解禁！」でもいいですし、ポイント制にして、「宿題を時間内に終わらせたら1ポイント！　1ポイントで30分、ゲームしていいよ！」というように付き合い方を考えてみましょう。

さらにいえば、勉強になるゲームもあります。「ゲームだから」という理由だけで縛ってしまうようでは、何も考えていないことと一緒です。付き合い方を一緒に考えることこそが、上手に遊びと勉強の両立を実現するための一歩となるでしょう。

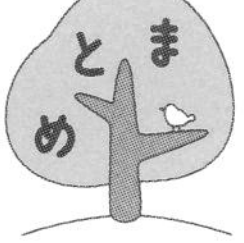

- **小学生のうちはルールがあった方が学習習慣が身につく**
- **厳しすぎるルールは逆効果！「親に隠れて遊ぶ」ことを覚えてしまう**

東大生の声

友達のゲームの話についていけないので、当時としてはゲーム禁止令はやめてほしかった。しかし、**ゲームが解禁されたら堕落することは目に見えていたので、今としてはある程度、その方針を理解している。**

ゲームは禁止されていたが、友達と話が合わなかったのが辛かった。また、受験の反動でソシャゲにとてものめり込んでしまった。

自由にやらせてもらえて、その点はありがたかった。ゲームのために友達を家に呼んだりもしており、コミュニケーションツールになっていた。**ゲームに関するルールは当時は嫌だったが、どうしてもやり過ぎてしまうので、必要なルールだったと思う。**

スマホなどの誘惑を断つ方法は？

タブレットやスマートフォンにはいろいろな便利機能があって勉強にも役立つ反面、遊びにも使えるのが難しいところです。勉強すべきときに、動画ばかり見てしまうときなどは、どうすればいいでしょうか？

悩み

暇さえあれば、スマホやタブレットを見ている

こんな解決策

「勉強する場所」と「休む場所」とを分ける

ボクらには、コレが効いた！

場所を分けることで、スイッチが切り替わる

勉強中、スマホやタブレットを手元に置いておくと気になり、つい遊びたくなってしまうもの。**そこで、勉強するべき場所、時間帯には持ち込まないようにしましょう。**目に入らない場所にあれば、強制的にスイッチが切り替わり、勉強すべき場所では遊ばなくなります。

同時に、いくらでも遊んでもいい場所や時間帯を決めましょう。遊んでいい場所でいじっている分には、一切文句を言わないようにすることも重要です。これを親が破ってしまうと、「勉強する場所／しない場所」という区分けが崩れてしまい、せっかく引いた境界線がなくなってしまうからです。

どうして効いたのか？

「場所」という物理的なスイッチが、習慣化に役立つ

息抜きをすべきときには全力で休み、代わりに勉強すべきときには全力で勉強に打ち込

む。このようにメリハリをつけることが重要です。

実際、子どもは自分でスイッチを切り替えるのが難しいもの。だからこそ、**「場所」というう物理的なスイッチを作ってあげるべきなのです。**

自分で切り替えられるようになるまでは、使っていい場所、ダメな場所を決めて徹底させましょう。もし、勉強場所で遊んでいたり、遊び場所で勉強していたら、注意してください。一旦、線引きしたなら、親御さんもそれを守り、お子さんもそれを守れるようにフォローしてあげることが大事です。

- **「勉強する」「遊ぶ」を切り替えるために、物理的なスイッチ（場所、時間帯など）を作ってあげる**
- **「勉強する場所」では勉強のみ、「遊ぶ場所」では遊びのみと決めて守ってもらう**

東大生の声

親が自営業をしており、**中学受験の勉強は店の事務所で父に教わりながら行っていた。**家とは少し離れたところに店があったため、**良い切り替えになっていたと思う。**

高校生の受験期間、勉強は学校で行い、家はあくまでもリラックスする場所としていた。親の前で勉強する姿を見せていないため、勉強について心配することもあったかもしれないが、親は口出しをせずに見守ってくれたので、自分のやり方で受験期を乗り越えることができた。

8

「スマホのルール」を決めたのに守らないときは？

スマートフォンは扱いが大変難しい道具です。便利な道具には違いないけれど、同時に遊びに使うこともできてしまうから。しかし、一概に制限をかけるといっても、どのようにリミットを設ければいいのかわかりませんよね。いったい、どんなルールを作ればいいでしょうか。

悩み

スマホばかり見るのをやめさせたい！

こんな解決策

「スマホのルール」は、子どもと決める

ボクらには、コレが効いた！

万全なルールはないが、不満の出ないルールを作ることは可能

まず、最初に言っておきたいのは「絶対に大丈夫！」という普遍的なルールは存在しないということです。家庭によって異なる事情があるように、子どもによっても考え方や思いは人それぞれです。それらに対して「こうすればいい！」なんて一口に言うことはできません。

しかし、子どもから不満の出ないルールをつくることはできます。このためにも親子で一度腹を割って話し合うこと。親だからと上から決めつけてルールを申し渡すのでもなく、子ども任せにするのでもなく、スマホという脅威に向けて、家族で一丸と

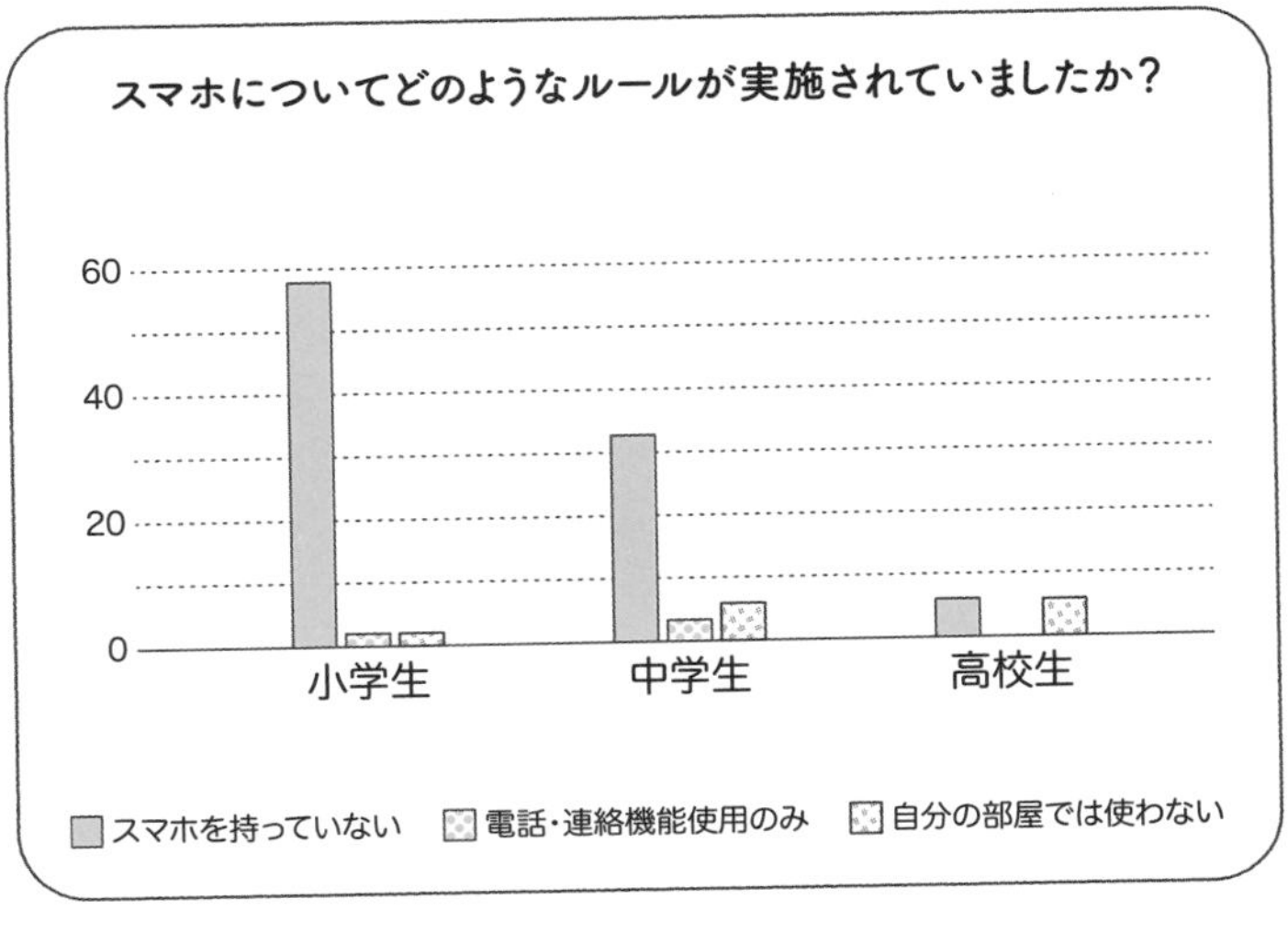

なって立ち向かう姿勢を見せることが大事です。

現実的なルールを作ることで、守りやすくなる

なぜ、親子で話し合う必要があるのでしょうか？

それは、親から一方的に通達するようなルールでは、子ども側の事情が汲み切れていない可能性が多分にあるからです。例えば、親からすれば単なるスマホいじりに見えても、子どもからしたらクラスの話題から振り落とされないようにするための重要なコミュニケーションの一環かもしれません。

子どもが不満を感じるルールであれば、隠れてルールを破ってしまうでしょう。こんな展開は誰にとっても不本意ですよね。スマホを持つことが当たり前の時代だからこそ、お互いに納得できるルールを決めてほしいです。

大人の視点、子どもの視点、それぞれ重視するポイントが違うでしょうが、それらを総合して、守れるルールを作っていくことが大事になるんですね。

まとめ

・スマホのルールを一方的に決めるのはＮＧ
・大人の都合、子どもの都合、どちらも考える必要がある

東大生の声

スマホの夜の使用制限がなければ、夜中起きていたと思うので、ルールがあって良かったと思う。

明確なルールとして提示されていなかったため、たまに「今注意してくるの？」と感じるような納得のいかないことが起きた。

親からスマホの使い方に関して注意されることもあったが、いざ親がスマホを持つと同じようなな使い方をしていた。結局人は同じように愚かなのだと思う。

9

「お金の大切さ」を学べる機会を！

「おもちゃを買ってほしい」とねだられた経験はありませんか？　買ってあげたいのはやまやま、でもいきなりポンと買ってあげると、変な癖がつきそうでよくない……葛藤しますよね。いったい、どのタイミングであげればいいのでしょうか？

悩み

「欲しいもの」をねだられたら、買ってもいいの？

こんな解決策

小学生のうちは、「報酬制」を導入する

ボクらには、コレが効いた！

子どもに「頑張る理由」ができるなど、メリットが大きい

基本的に、小学生のうちは報酬制を導入するようにしましょう。報酬制とは、何かに対する報酬としてご褒美を買ってあげるということ。

例えば、**「テストで○点を取ったら△△する」**と最初から決めておくのです。

こうすることによって、子どもに「頑張るための理由」ができますし、親としては、おねだりされたときに理由をつけて延期することができます。例えば**「次のテストで80点以上を取ったら、欲しいと言っていた○○を買ってあげるから、勉強頑張りなさい」**というだけで、俄然やる気が出るものです。

子どもが小さい頃は、お金そのものをあげるのではなく、物を買ってあげて報酬にするといった制度の方がいいでしょう。小さな頃から分不相応な大金を得ても、上手く使えないかもしれませんし、トラブルの種になる可能性もあるからです。

どうして効いたのか？

汗水たらして頑張ることで、お金のありがたみがわかる

どうして小学生の頃は報酬制を導入したほうがいいのでしょうか？　それは、達成感を身につけてもらうことにあります。やはり、分不相応なお金はトラブルのもとになります。小さい頃から大金を渡して、変なお金の使い道を覚えてほしくありませんよね。しかし、どうしても欲しいものがあるときに我慢させるのも、ちょっと悲しい。親であれば、子どもが「欲しい」と思うものを買い与えてあげたいと思う気持ちは共通だと思います。

ここで問題なのは「分不相応なお金」という点です。お小遣いとして、大金を渡してしまうのは心配でしょう。しかし、汗水たらして働いて得たお金なら、ありがたみもわかるというもの。**子どもも「○○をしたからこの報酬があるんだ」と強く意識することで、お手伝いや勉強に対するモチベーションも大きくアップするでしょう。**

例えば、「家のお手伝いをしたら50円をあげる」というように、具体的な報酬を対価として差し出すようにしてみましょう。人間、誰しもタダ働きは嫌なものです。お金や物のような具体的な報酬体系を明示したほうが、お子様もやる気が出ることでしょう。

そのうち、「次のテストで満点を取る」「これから1ヶ月間、お風呂掃除をする」というような交渉をしてくるようになるかもしれません。**親御さんは雇用主になったつもりで、交渉に挑んでみましょう！**

まとめ

・分不相応なお金はトラブルのもと
・勉強や労働に対する対価の内容はわかりやすく明示する

東大生の声

誕生日やクリスマスなど、特別な時以外にはあまり買ってもらわなかった。

小中学生のときにはお小遣いで何かを買う場面は少なく、**基本的に親と一緒に買い物をすることの方が多かった。**

高校生になってお金を使う機会が増えるにつれて、定額だったり、「お手伝い1回あたり100円」のようなシステムが施行されたりと、**「お小遣いシステム」も変化していった。**

10

「お小遣い」をあげるときの注意点は？

お金については、慎重にならざるを得ないもの。しかし、周りの子たちがお小遣いをもらって遊んでいる中で、わが子だけが仲間外れになっているようなら、やっぱりお小遣いをあげたくなりますよね。やはり、お小遣い制にすべきなのでしょうか？

悩み

お小遣いについて、どう考えればいい？

こんな解決策

お小遣い制にしたら、支出は「自分で管理」してもらう

ボクらには、コレが効いた！

計画的に使う習慣が身につく

基本的にはお小遣い制にしても問題はないでしょう。しかし、必ず設けてほしいルールがあります。それは、**月の支出を子どもが自分で管理するようにするということ。**「月のお小遣いを使い切ったら、追加支給分はなし」というようにして、会計意識を持たせてみるのです。

年代別にとったアンケートでは、小学生のときにはお小遣いがなかったという東大生が多かったものの、中学生、高校生となるにつれて、お小遣い制になっていく過程が多かった様子。お小遣いと必要経費は別途精算し、お小遣いとしてもらっている分は自分でやりくりするようにすることで、

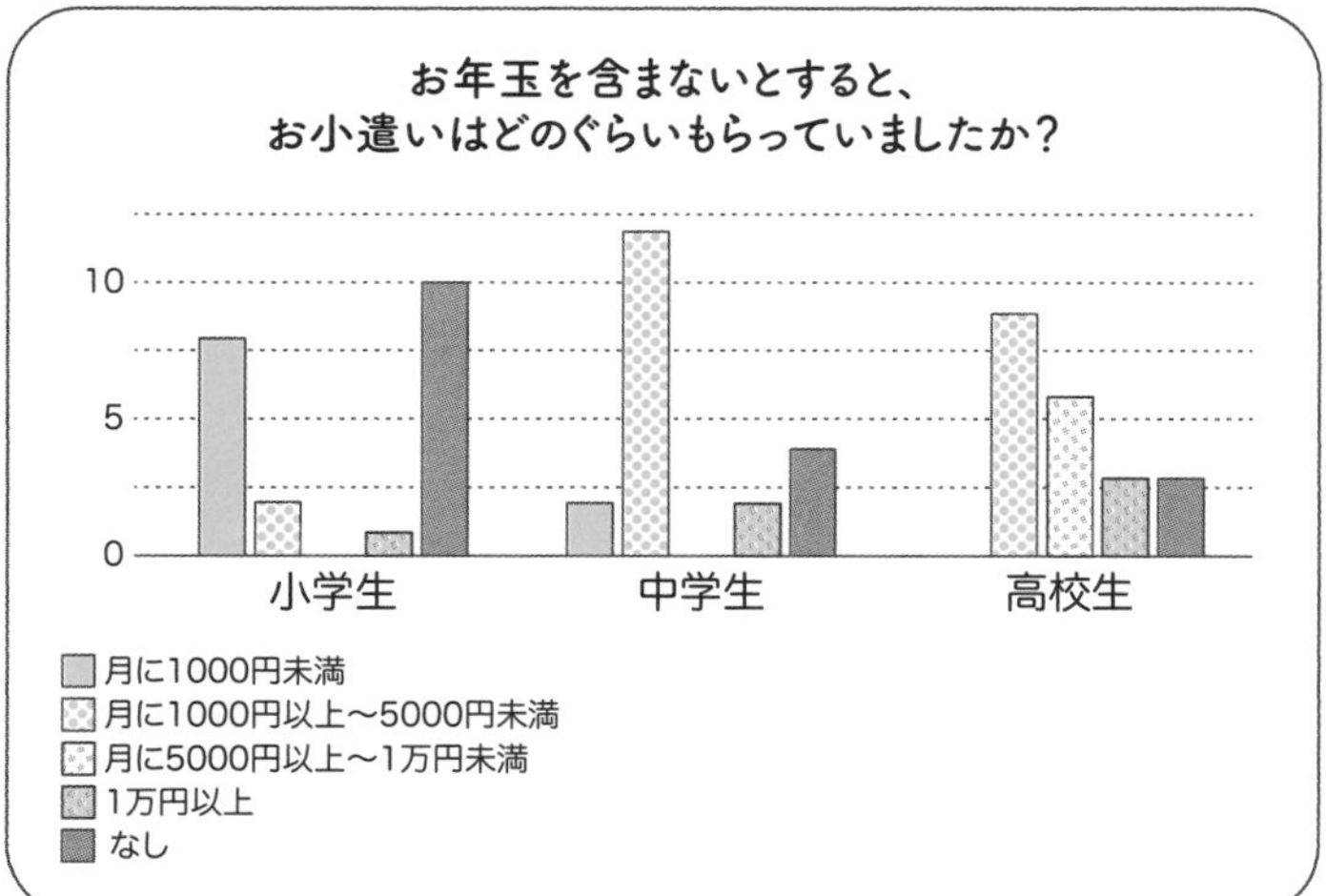

お金の管理能力を身に付けたり、計画的にお金を使う習慣を身に付けることができるでしょう。

子どもの自立に大いに役立つ！

せっかくお小遣いをあげるのであれば、一歩大人になれるような成長をもたらす経験にしてみるのも手です。

子どもが、お金の管理につまずいたり、必要なときにお金がなくなってしまうなど、ちょっとしたジレンマに陥っていたら、そのときは人生の先輩として、失敗しないお金の使い方を一緒に考えてあげるといいでしょう。

東大生に聞いてみた中でも、お小遣い制だったという人は大変多くいます。やはり、自分で自分のお金をやりくりするという経験は、計画性を求められますし、細かい計算の能力もつくようになります。様々な能力をアップさせることができるという面から見ても、お小遣い制にすることには、一定以上のメリットがあるといえるでしょう。

まとめ

・学校で必要なものや勉強のための教材は「必要経費」、遊ぶためのお金は「お小遣い」として支給する
・月の支出を「自分で管理する経験」は自立につながる

東大生の声

中学生以降は、自分の好きなものをお小遣いの中でやりくりするルールが作られた。**自分で計画を立ててお金を使う習慣がついた。**

貧乏だったのもあり、額に不満があった。お小遣いが少なすぎると、金銭感覚が育たないので、注意が必要だと思う。

「収支を記録しなさい」と言われた。理にかなってると思った。

7

受験を乗り越えた先の「将来」にもつながる

中学受験はココが決め手！

漫画でOMG！

さーてそろそろ本格的に中学受験にそなえないと！
中学受験のための親のあり方
数年後①
お母さんのおかげで中学受験でいい仲間に出会えたし刺激的な生活だったよ
感謝です
あぁ…よかった……！
数年後②
別に行きたくないのに毎日勉強させられて遊べないしイヤだった！
ガーン
そ…そんな…（泣）
ご　ごめんなさい…
どうしたら①になるの……
ZZZ
うっ…
お母さん大丈夫!?

中学受験の体験が、大学受験に生きる！

本章では、中学受験を考えているご家庭に役立つ準備の方法や、受験期の心得などを中心にご紹介します。

東大生が小学生だった頃、「受験勉強を始めたのはいつか？」「勉強スイッチの入れ方は？」「してもらって嬉しかったサポートは？」「お勧めの学び方は？」など、現役東大生ならではの「これが良かった！」「役立った！」という生の声をご紹介します。

お子さんの実感にも近い声だと思いますので、ぜひ参考にしてみてください。

また、ちょっと気が早いかもしれませんが、東大生が東大を受験するにあたって役立った「目標のもち方」についても紹介します。合格を手にするまで、彼、彼女たちが何を目標にすることで頑張れたのか？　それを知ることで、受験を成功させるヒントを得られるはずです。では、早速見ていきましょう！

「中学受験の準備」は、いつから始めるといい？

中学受験を始めるタイミングって、悩みますよね。早期から始めると、子どもにしてみれば、周りの子たちが遊んでいるのに、自分だけ勉強するのは嫌だ、と感じることも少なくはないでしょう。一体、いつなら子どもが納得して始められるのでしょうか？

悩み

「小4」から始めれば間に合うの？

こんな解決策

受験を意識するのは、「低学年」から！

ボクらには、コレが効いた！

低学年から、中学入学後の展望をさりげなく教える

まず、こちらのアンケート結果を見てください。データによると、**中学受験を経験した東大生の40%が小4から本格的に受験勉強を始めたと回答していました。**

仮に、受験勉強を「本格的に」始めるのが4年生だとしても、それ以前から、中学受験についての知識をそれとなく与えてあげることはできます。

たとえ、「中学受験のために勉強しなさい」と、2年生のときに言っても、「5年も先の話をしないでよ」と子どもは考えてしまいます。4～5年のスパンは、子ども

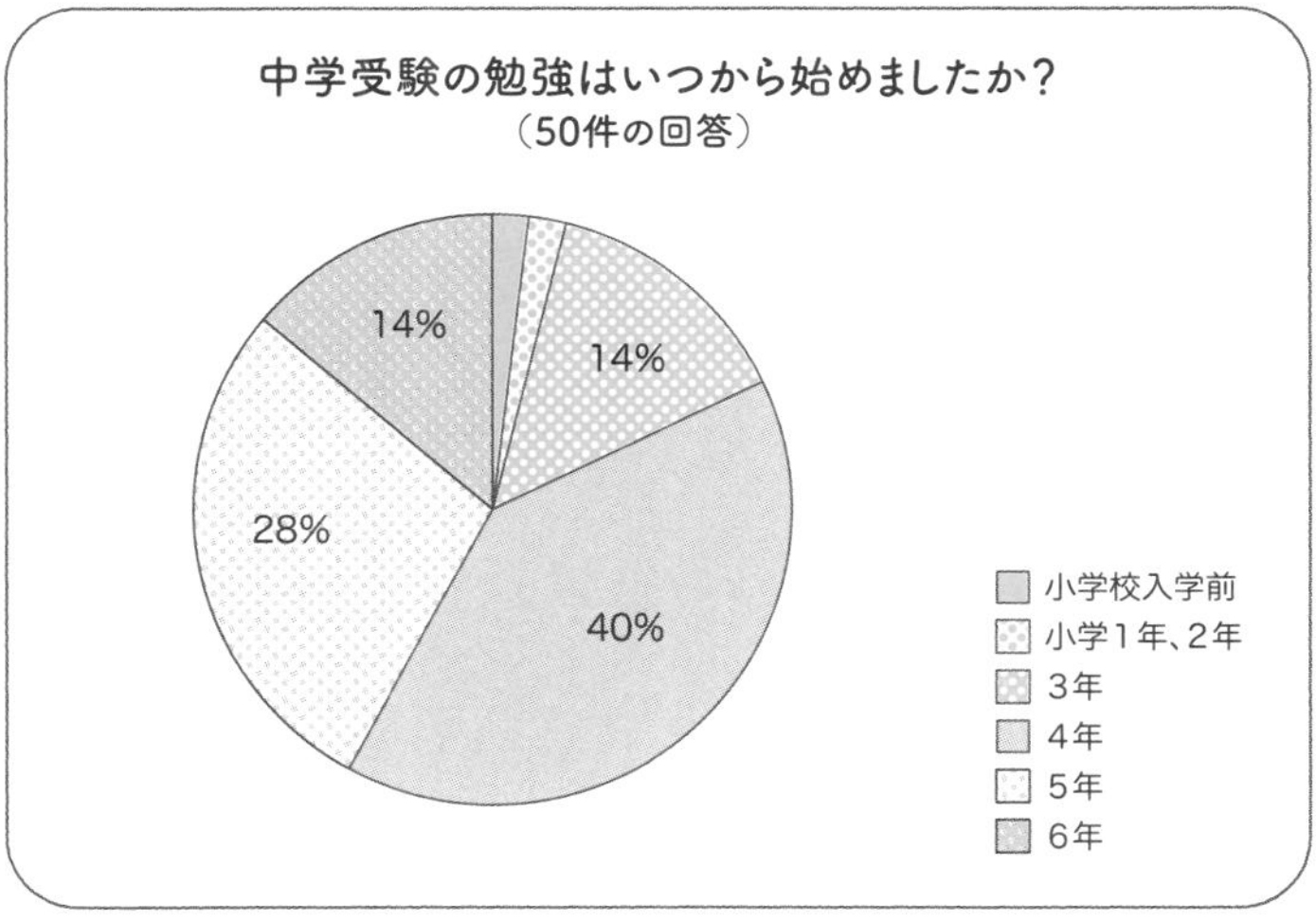

からすれば、それまで生きてきた年齢の約半分ですから、長く感じてしまうんですね。

一方、「中学受験」の存在を早めにほのめかすメリットは大きいのです。

低学年から「この問題が解けると、あなたが行きたい中学に行けるかもよ？」と教えてあげることは可能です。 あるいは、中学ではどんな楽しいことができるのか、部活動の楽しさや、受験のシステムを教えてあげることで、「今勉強したら、行きたい中学に行って、楽しい中学生活を送れるかもしれない」という展望を示してあげると良いと思います。

低学年のうちは、勉強習慣を身につけることが大事！

4年生から勉強を一気にスタートさせようとすると、子どもが反発する場合があります。水泳でも、まずは水に身体を徐々に慣らしていくように、ちょっとずつ、受験を意識させるとよいのではないでしょうか。

まず、低学年のうちは、勉強の「習慣化」に時間を割くとよいでしょう。 本格的な勉強はさせなくていいので、1日に少しでもいいので、勉強するのが当たり前という状況をつくり、勉強習慣を持ってもらいます。

ともかく、モチベーションが続くことが何よりも大事です。

高学年になってから「やっぱり中学受験なんてやだ！　やる意味がわからないもん！」と言われないように、「なぜ、受験勉強をするといいのか」「どんないいことが、自分に跳ね返ってくるのか」をしっかりと伝えてあげましょう。

子どもを「勉強する空間」に入れるのもいいかもしれません。その意味で、塾は環境という面で有用です。はじめは週1回でもいいので、ピアノやサッカーなどの習い事と似たような感じで始めてみると、すんなりと軌道に乗り、勉強するのが当たり前になることでしょう。

公文に通い始めて勉強の習慣が身に付いたり、数学に触れて面白いと思ったりした経験などは、たとえ中学受験をしない場合や失敗した場合にも、長い目で見れば身になるはずです。まずは､勉強に対する抵抗感を無くすところから始めてみるのはいかがでしょうか。

まとめ

・本格的に受験を意識するのは小4からが多い
・低学年の間は、勉強習慣を身に付けよう

東大生の声

小3のときに、中学の文化祭に連れて行ってもらい、とても楽しかった記憶がある。このおかげで「この学校で学びたい！」と思った。

小2ぐらいのときに古本屋で子ども向けの数学の本を買ってもらい、延々と読み続けていた記憶がある。それから数学が好きになって頑張れたと思う。

小学2年生から公文に行っていた。このときの基礎力が勉強の素地になったと思う。

どうすれば、本気で勉強するようになる？

中学受験は、とにかく長い道のりです。大人からしたら「1、2年くらい、頑張ろうよ」と思うかもしれませんが、子どもにとっての1、2年はとても長く感じられます。ともすれば息切れしがちな長い期間、どうすれば、やる気を持続できるでしょうか？

悩み

行きたい中学が見つからず、目標を持ちにくい

こんな解決策

「頑張る理由」を一緒に探す！

ボクらには、コレが効いた！

希望する中学を見学したり、そこに通っていた人に話を聞く

東大生の親が大事にしていたのは、「子どもと一緒に、中学受験を頑張る理由を探す」というものです。例えば、

- **行きたいと思える中学に一緒に行ってみる**
- **希望する中学に通っている先輩や知り合いを辿って、話をしてもらう**
- **我が子の興味に合った部活動を探して、見学させてもらう**

など、子どもが「この中学に行きたい」「ここに行きたいから、勉強しなきゃ」と思えるような、頑張る理由を明確にするお手伝いをしていたようです。

例えば、鉄道が好きな子なら、鉄道研究会がある学校を探してみて、文化祭で展示している学校があるなら連れて行ってあげる。

その中学に通っていた経験がある知り合いを探してみる。

その中学を卒業した大学生に、家庭教師をしてもらう、というのもいいでしょう。

とにかく、子どもと一緒に、中学受験を頑張る理由を探してみてください。

「親の受験」ではなく、「本人の受験」にする

誰かに与えられた理由で頑張れるほど、中学受験は甘くありません。子どもが自分でしっかりと考えて、納得して受験に臨まなければ、肝心なときに力が出ません。仮に合格したとしても、その後、失速してしまうこともあります。

結局、子どもが心の底から「ここに行きたい！」と思わなければ成績は上がりませんし、そう考えれば**「ここに行きたい！」と思えるようなイベントを体感させてあげることは、いわば「未来への投資」です。**

勉強の時間を削ってでも、しっかりと「この中学に行きたい！」と思えるように手伝ってあげてほしいです。「親の受験」ではなく、「本人の受験」にする。これが中学受験の必勝法と言っても過言ではないでしょう。ぜひ、中学受験をする場合は、「本人が行きたい理由」を一緒に探してあげてください！

東大生の話を聞いていても、何を目標にして中学受験を頑張るかは人により様々です。なかには、興味のある部活があることや、自然豊かな環境に価値を見出していた東大生もいました。

中学受験をするメリットがたくさんある中で、どの要素を重視し頑張ろうと思えるかはお子さんによって違います。

このため、**できるだけ多くの「頑張る理由」を見つけやすい状況をつくってあげながら、お子さんと話をするなかで、「これだ！」というものを見つけていってほしいと思います。**

・子どもと一緒に、中学受験を「頑張る理由」を探す
・子ども自身に、「この中学に行きたい！」と思ってもらう

小6のとき、地元の校舎だと対応していないコースに通うために、鹿児島市内の校舎に通うようになった。**そこで多くの仲間と席を争って**（成績がいいと前の列に行ける）、**切磋琢磨できたことが、火がつくきっかけになったと思う。**

また、小6の夏休み過ぎあたりに関西の中学校を受験しようと決意したこともギアを一段上げることにつながったと感じている。

全く受かるレベルにない中で、受かったら「すごいな」と思いながら勉強していた。

中学受験をする理由として「転校しなくてもいいよ」「気兼ねなく伸び伸び勉強できるよ」など**複数の理由を上げてくれたことに感謝している。**

オープンキャンパスに連れて行かれて、「行きたい」と思**うようにしてくれたことに感謝している。**

東大生の声

【中学受験】受験期の接し方

「頑張って！」と言うとプレッシャーになったり、「勉強しなさい！」と言えばモチベーションを下げてしまったりしかねません。だからといって受験について全く触れないわけにはいきませんよね。受験シーズンは、子どもにどんな接し方をすればいいのでしょうか？

悩み

子どもがピリピリしていて、声をかけづらい

こんな解決策

受験期間は、「生活のサポート」に徹する

ボクらには、コレが効いた！

子どもは、「生活面のサポート」に感謝している

複数の聞き取りでわかったことは、勉強にあれこれ口出しをせず、「とにかくサポートだけをする」と決めて実行していた親御さんの割合が多かったようです。

6年生になったら成績を褒めはしても、下がったときに何も言わないでおきましょう。例えば社会以外の成績が悪かったとしても、「社会の成績いいね」と、できたところに触れてあげます。**勉強していなかったとしても、何も言わず、「それもあなたの人生だから、私は何も言わないわよ」というスタンスを徹底します。**それで成績が下がったとしても、何も言わないことで、子どもは自分の行動の結果として受け止め、反省できます。

一方、「生活面のサポート」はしっかりしてあげてください。ちなみに、受験時代に保護者に感謝していることとして多く挙げられたのが、塾の送り迎えやお弁当作りなどの生活面でのサポートでした。

勉強面については、「親が勉強を見てくれたのが良かった」と言っている東大生はほと

んどいませんでした。驚くほど、勉強を保護者が見ている例が少なかったのです。それにもかかわらず、中学受験でいい成績を残し、東大に合格しているわけです。

とにかく、生活面のサポートに徹しましょう。美味しい食事を作ってあげたり、落ち込んだときに慰めてあげたりするなど、当たり前のことでいいのです。こうしたサポートのおかげで、子どもはのびのびと中学受験に臨めるようになります。

東大生の声で多く出たのが、塾の送り迎えや、それに伴うお弁当や食事についての感謝の声でした。「当時のサポートのおかげで勉強に集中できた」と考えている東大生は多いようです。塾への送り迎えの時間管理や試験当日の持ち物管理などは、小学生が気を回しにくいことなのでサポートしてあげることが大切だといえます。

どうして効いたのか？

勉強は塾の先生に任せる！

中学受験の勉強は、親が口出しをしない方がいいのではないかと私たちは思っています。

子どもにとって、親から勉強を教わり続けている状態というのは、あまり良くないのです。

これには、いろいろな理由があります。1章でも触れた子どもの「自立」を妨げる可能性があることや、もっと現実的な話として、中学受験は親がサポートできる試験ではない、という点も挙げられます。

試しに、中学受験の問題を解いてみてください。大人であっても、決して満点は取れません。中学受験の難易度は年々上がっていて、毎年、入試問題の傾向を研究している塾の先生でもない限り、間違った教え方をしてしまう可能性が高いのです。

それくらい中学受験の問題は難しく、教える側には専門性が求められます。このため、**勉強に関しては安易にコメントしない方がいいでしょう。まずは「勉強環境を整えること」を徹底してあげる。これが何よりも、お子さんのためになると思います。**

- **生活面でのサポートは手厚く**
- **勉強面にはあまり干渉しない**

東大生の声

塾や学校の情報収集、費用を出してくれたこと、お弁当作りなどのサポートがありがたかった。

5年生の夏に突然中学受験したいと言ったにもかかわらず、全力でサポートしてくれた。**塾や模試会場までの送り迎えやお弁当作りなどに感謝している。**

自分が勉強しないとどうにもならないので少し孤独感はあったが、**何も言わずに毎日3食美味しいご飯を用意してくれて、とても力になった。**

【中学受験】意欲を削がない方法

中学受験は、覚えることも多いですし、高校入試や大学入試のようなテクニックを使えないことも多く、対策が難しい入試です。そのうえ小学生の頃は、まだ自分の勉強のスタイルが確立していない、というのも難しいところです。東大生たちは、どのように取り組んでいたのでしょうか？

悩み

「似たような問題」を何度も間違える……

こんな解決策

「ミスは2回」まで許容する

ボクらには、コレが効いた！

勉強意欲を削がないために、ルールを決める

「2回までのミスを許容する」ために、次の3つのルールを守りましょう。

1つ目は、「1度目の間違いを『間違い』と呼ばないこと」。

初見の問題や、新しい傾向の問題、見たことのない知識を問う問題で間違っていたとしても、それに対して「間違い」だとは言わない。「ただ新しい知識を入れただけだった」というように、「ミスだ」と認識しないようにする。「どうしてできなかったの！」とは絶対に言わない。こうして、「1度ミスするのは問題ない」ということを子どもに教え込みます。

2つ目は、「ミスしたものをきちんとまとめておき、2度目の間違いの予防をすること」。

先ほどの1つ目のルールと合わせて、間違えた問題はノートにまとめておいたり、復習したりできるようにタブレットなどで撮影しておき、同じミスをしないようにするのです。

3つ目は、「2度目の間違いは許すが、3度目の間違いは許さないこと」。

2度目までは間違えてOKだけど、3度目からはミスをミスとして認識させ、きちん

と「正解するべきところで正解できなかったんだ」という認識を持ってもらうのです。ノートに3回間違えたところをチェックしたり、普段の生活の中で急なタイミングで「じゃあこの問題の答え覚えてる？」と聞いてみたりと、手を替え品を替え、3回以上ミスしたところを復習してもらうのです。

間違いを重ねすぎると、自信を失うので避けたい

そもそも、1、2回程度の間違いが許容されないと、勉強をやる気がなくなってしまいます。せっかく問題を解いても、間違ったら怒られるんじゃないかという気持ちばかりが大きくなってしまうからです。このため、ちょっとしたミスくらいは許容してあげることが重要と言えるでしょう。一方、3回4回と間違いを重ねてしまうと、「いくら勉強しても、ダメではないか」と思い、やはりやる気がしぼんでしまいます。

重要なのは、間違えるのは2回目までストップさせ、どんどん新しい問題に触れていくことです。中学入試の問題は、「問題の型」が明確に存在していることが多いので、「同じタイプの問題なら解ける」というのは大きな安心になります。

まとめ

・初出の問題など、学び始めのミスは許容する
・似ている問題は解けるようにしていく

東大生の声

自分で「まとめノート」を作った。4教科を同じノートにまとめて、間違えた問題のポイントや重要暗記事項を書いた。**受験当日も持参して、それを見ることで安心できた。**

ひたすら過去問を解いた。特に算数は30年分の過去問を毎朝1問ずつ解いていって、4周程度したのではないかと思う。

中学受験は似たような問題が多く出るので、解法を覚えることで本番でも「あの年の問題の解法を使えば解けるな」と考えて乗り切れた。

【大学受験】どんな目標をもつと、本気になる？

本気で挑んで、真剣に勉強してほしい、と親御さんなら思いますよね。受験シーズンになっても子どもにスイッチが入らず、「頑張ろう！」という感じにならない。

子どものそうした態度を見たときは、どんな声がけをして、どんな経験をしてもらえば、努力するようになるのでしょうか？

悩み

本人が「やる気を出す」のは、どんなとき？

こんな解決策

キャンパスを見学し、憧れの姿や講座を見つける

自分の肌で感じたことが、やる気につながる

特定の大学を目指す場合には、その動機が必要です。

東大生たちが東大を志した理由は様々ありますが、地方の高校出身の場合、多くはオープンキャンパスや講演会などを通じて、東大や東大の先生方に憧れを持ったというパターンです。私たち東大カルペ・ディエムに所属する東大生の中にも、オープンキャンパスで聞いた行政学の講義が面白かったことや、重力波の研究をやってみたいと思ったことで、全く視野に入れていなかった東大を目指し始めたという人たちがいます。

ですので、子どもたちをオープンキャンパスや学園祭など、大学と関われる行事に積極的に連れて行ってあげてください。普段の学校の勉強だけではなかなかモチベーションが上がらないお子さんにも、良いインスピレーションをもたらすことでしょう。

東大を目指したきっかけが、「○○先生がいるから」「かっこいいから」という人も多く見られました。憧れる対象が見つかると、それだけモチベーションを持って取り組むことができるため、いろいろな人と出会える機会をつくり、目標となるような人が見つかるようにしてあげると良いでしょう。

どうして効いたのか？

自分で道を決められるようにしてあげる

大学受験は、中学受験とは違い、子ども自身で行きたい大学や学部を決める必要があります。これは、自立の面でも、受験勉強に対するモチベーションの面でも大切なことです。**大学受験に本気になっていない状態、というのは、お子さんが大学受験に向き合うためのキッカケが足りていない状態です。**このため、どうにかしてお子さん自身に、何かしらの強烈なキッカケを体験してもらう必要があります。

もっとも簡単なのは、大学に訪問することでしょう。学校で勉強しているだけでは、今自分が何のために勉強しているか悶々としてしまい、モチベーションの維持も難しいです。オープンキャンパス等で大学へ行くことは、モチベ維持だけでなく、その大学の雰囲気や受験当日の予行練習にもなるので、長期的に見ればとても価値のある行動です！

まとめ

- **動機が大事！**
- **キャンパスに行き、目標を見つけることが合格の近道**

東大生の声

歴史小説や歴史漫画を読んで国のために働く官僚になりたいと強く感じた。同じような志を持つ人が多く集まるのは東京大学だと思い志望した。

オープンキャンパスに行ったときに受けた特別講演が面白く、東大に行けばこの研究に携われると思った。

高3の秋頃に行われた進路セミナーの講演者として東大教授が来て、**東大の魅力を語ってくれたときに、東大に心が動かされた。**

高3のセンター試験翌日か翌々日、本屋に行って法学関連の書籍をいくつか手に取ったところ、たまたま著者が全て東大関連の人で、**「法学を修めるならやはり東大が一番だ」と思うようになり、**元々志望していた大学に物足りなさを覚えていたこともあって、東大志望に変更した。

浪人期の夏、**東大のオープンキャンパスで聞いた行政学の先生の模擬講義が面白くて、**東大法学部に入りたいという思いを新たにした。

おわりに

ここまで本書を読んでいただき、みなさんありがとうございました！

「はじめに」でもお話ししましたが、『子どもが、どうすれば自主的に勉強するようになるのか』という問いに対する答えになれば幸いです。

さて、これからの時代を生きる子どもたちを取り巻く環境は、今大きく変わってきていると思います。

今、日本は少子高齢化の時代だと言われていますが、これは大人目線の言葉だと思います。子どもから見ると逆に、「子どもが少ない時代」ではなく「大人が多い時代」です。

大人が多いということは、その分、大人から評価されることが多く、大人の顔色を伺うことが当たり前になっている子どもが多い時代だと言えるのではないでしょうか。

こうした時代だからこそ、「子どもが」何を望んでいるのかをしっかりと見てあげましょう。親や大人ではなく、「本人の意思」をしっかりと尊重してあげる。そういう姿勢で見守っていくことで、いつか子どもは自分で羽ばたけるようになるのではないでしょうか。

二〇二三年九月

東大カルペ・ディエム　西岡壱誠

（著者） 東大カルペ・ディエム

●—— 2020年6月、西岡壱誠を代表として株式会社カルペ・ディエムを設立。西岡を中心に、家庭の事情で週3日バイトしながら合格した人や地方公立高校で東大模試1位になった人など、多くの「逆転合格」を果たした現役東大生が集い、日々教育業界の革新のために活動中。毎年300人以上の東大生を調査し、多くの画期的な勉強法を生み出している。そのほか「アカデミックマインド育成講座」と題した教育プログラムを中心に、全国20校以上でワークショップや講演会を実施。年間1000人以上の学生に勉強法を教えている。

（監修者） 西岡壱誠 （にしおか・いっせい）

●—— 1996年生まれ。東京都出身。偏差値35から東京大学を目指すも、現役・1浪と、2年連続で不合格。崖っぷちの状況で開発した「暗記術」「読書術」「作文術」で偏差値70、東大模試で全国4位になり、東大（文科二類）合格を果たす。そのノウハウを全国の学生や学校の教師たちに伝えるため、2020年に株式会社カルペ・ディエムを設立。全国20校以上の中学校と高校で学生たちに思考法・勉強法を教えているほか、教師には指導法のコンサルティングを行っている。また、YouTubeチャンネル「ドラゴン桜チャンネル」を運営、約1万人の登録者に勉強の楽しさを伝えている。著書はシリーズ累計40万部突破の『「読む力」と「地頭力」がいっきに身につく 東大読書』（東洋経済新報社）ほか多数。TBS系日曜劇場『ドラゴン桜』脚本監修。

（監修者エージェント）アップルシード・エージェンシー（https://www.appleseed.co.jp）

Special Thanks

（文章） 西岡壱誠、布施川天馬、縹峻介

（内容協力） 田之倉芽衣、松岡頼正、奥村亮太、永田耕作

「自分から勉強する子」の家庭の習慣

2023年9月24日　第1刷発行

著　者　東大カルペ・ディエム　　監修　西岡壱誠
発行者　徳留慶太郎
発行所　株式会社すばる舎
〒170-0013　東京都豊島区東池袋3-9-7 東池袋織本ビル
TEL 03-3981-8651（代表）　03-3981-0767（営業部直通）
FAX 03-3981-8638
https://www.subarusya.jp/
印　刷　中央精版印刷株式会社

ISBN978-4-7991-1141-3